Humeurs
d'une femme mûre et divertissante

De la même auteure

Le Secret du coffre bleu, Libre Expression, 2011.

LISE DION

Humeurs
d'une femme mûre
et divertissante

Libre Expression
Une société de Québecor Média

Catalogage avant publication de Bibliothèque et Archives nationales du Québec et Bibliothèque et Archives Canada

Dion, Lise

    Humeurs d'une femme mûre et divertissante

    ISBN 978-2-7648-0943-3

    1. Dion, Lise, 1955- - Anecdotes. 2. Femmes humoristes - Québec (Province) - Anecdotes. I. Titre.

PN1969.C65D56 2017   792.7'6028092   C2016-942131-7

Édition : Johanne Guay
Révision et correction : Isabelle Lalonde et Julie Lalancette
Couverture et mise en pages : Clémence Beaudoin
Photo de l'auteure : Julien Faugère

Remerciements
Nous remercions la Société de développement des entreprises culturelles du Québec (SODEC) du soutien accordé à notre programme de publication. Gouvernement du Québec – Programme de crédit d'impôt pour l'édition de livres – gestion SODEC.

Financé par le gouvernement du Canada | Canada

Tous droits de traduction et d'adaptation réservés ; toute reproduction d'un extrait quelconque de ce livre par quelque procédé que ce soit, et notamment par photocopie ou microfilm, est strictement interdite sans l'autorisation écrite de l'éditeur.

© Les Éditions Libre Expression, 2017

Les Éditions Libre Expression
Groupe Librex inc.
Une société de Québecor Média
La Tourelle
1055, boul. René-Lévesque Est
Bureau 300
Montréal (Québec) H2L 4S5
Tél. : 514 849-5259
Téléc. : 514 849-1388
www.edlibreexpression.com

Dépôt légal – Bibliothèque et Archives nationales du Québec et Bibliothèque et Archives Canada, 2017

ISBN : 978-2-7648-0943-3

Distribution au Canada
Messageries ADP inc.
2315, rue de la Province
Longueuil (Québec) J4G 1G4
Tél. : 450 640-1234
Sans frais : 1 800 771-3022
www.messageries-adp.com

Diffusion hors Canada
Interforum
Immeuble Paryseine
3, allée de la Seine
F-94854 Ivry-sur-Seine Cedex
Tél. : 33 (0)1 49 59 10 10
www.interforum.fr

Pas de préface.

Pas d'introduction.

Pas d'explication.

Ça commence de même.

« L'humour renforce notre instinct de survie
et sauvegarde notre santé d'esprit. »
CHARLIE CHAPLIN

« Une journée sans rire
est une journée perdue. »
CHARLIE CHAPLIN

Pour mes enfants et meilleurs amis,
Claudie et Hugo.

Vous faire sourire à chaque page
est un de mes plus grands plaisirs.
LISE DION

LES HUMEURS D'HIVER

L'ENVIE

Sentiment de convoitise
à la vue du bonheur d'autrui.
Attention : peut provoquer
des démangeaisons

E n installant mon nouveau calendrier ce matin, je me suis dit : «Janvier, quel mois magnifique… SUR LES PHOTOS!» Les forêts blanches, les montagnes, les branches de sapin lourdes de neige et aucune trace de *ski-doo* fatigant dans le paysage. Au centre de la photo, on aperçoit une immense cheminée qui crachote sa boucane réconfortante et, juste en dessous, un chalet grandiose en bois rond. Celui-là même qu'on ne pourra jamais se payer et tant mieux, parce que ces gros chalets-là, c'est impossible à revendre !

À l'intérieur, on s'imagine des couples qui, après leur journée de ski, rigolent en mangeant une fondue au fromage.

Bref, y ont du *fun*! Mais pas du vrai *fun*, du FAUX *fun*, comme le monde sur Facebook !

Ces gens-là, dans les calendriers, quand ils jouent dehors, ils n'ont jamais la face rouge sang, le nez plein de morve, les cheveux tout trempes pis les fesses gelées… ne-non! La température de leur corps s'ajuste parce qu'ils mangent bio et qu'ils s'entraînent. Quand ils payent un abonnement au gym, ils y vont, EUX AUTRES!

Vous me direz que je suis envieuse, mais pas du tout! Juste un petit peu, surtout avec les filles qui n'ont pas besoin de se maquiller pour être belles, qui ont trente ans, qui ont un poids idéal, qui portent une robe d'été pas de brassière, qui ont un beau *chum* et des amis comme dans les calendriers. Et, puisqu'on en parle, j'envie à peine tous ceux qui ont confiance en eux dans toutes les circonstances, tous ceux qui ont réussi à apprendre l'anglais, l'espagnol, l'italien, et tous ceux qui pilotent des hélicoptères. Mais bon! Est-ce que tout cela est nécessaire pour être heureux? Mon prof de yoga me dit que non!

Moi, le monde envieux, pas capable!

LES RÉSOLUTIONS I

Arkeu!

D'abord, un coup d'œil sur celles que j'ai prises l'an dernier. Dans le fond, j'ai juste à les copier-coller pour cette année parce que c'est encore les mêmes. J'ai même pas le goût d'en écrire des nouvelles. Tous les 1er janvier, j'inscris dans une carte de Noël les défis que je veux relever au cours de l'année qui vient. Ça va faire dix ans cette année que j'arrive pas à les relever.

Pis c'est drôle, cette carte de résolutions-là, j'la perds jamais. Je perds mes clés dans une sacoche de quatre livres, je perds l'avis du bureau de poste qui me dit d'aller chercher un paquet, je perds mon char dans un stationnement, mais la carte qui me fait clairement sentir que j'ai pas de volonté, elle, elle est toujours à la même place. Comme une tache qui part pas, une brise-*fun*, une directrice d'école pas fine qui aime te rappeler que t'as pas de colonne!

Mais au moins, en 2004, j'ai réussi à me débarrasser de la cigarette. Il serait temps que je réussisse une autre résolution, parce que, à ce rythme-là, si je vis jusqu'à quatre-vingts ans, j'aurai juste le temps de relever deux autres défis. De toute façon, si je suis encore en vie à cet âge-là, je vais recommencer à fumer pis prendre un coup solide! Ils sont mieux d'ouvrir un bar dans mon CHSLD!

LES RÉSOLUTIONS II

Re-arkeuuuu!

Ma *chum* Jacinthe, qui prend les résolutions beaucoup trop au sérieux, m'a appelée le matin du 3 janvier, à 6 h 30, pour aller courir.

J'ai ri une vingtaine de minutes… pis j'ai raccroché! Je l'ai rappelée pour lui dire que si c'était pour aller courir dans un centre commercial, là, par exemple, j'étais prête! Finalement, j'ai mis mon pantalon de nylon qui fait «squoui-squoui» entre mes cuisses et nous sommes allées courir. Nous avons juste fait le tour du pâté de maisons pour commencer. J'pensais avoir atteint un bon rythme, jusqu'à ce que ma voisine me dépasse en béquilles.

Jacinthe m'a crié avec une voix de robinet qui manque de pression: «Fait du bien!» Je lui ai crié à mon tour avec la même voix: «Oui! Mon entrecuisse saigne, mes hanches ont l'air de vouloir décrocher, mais oui… ça fait du bien!»

Je nous ai appelé un TAXI!

LA CHARRUE

Véhicule lourd « inutilitaire » qui, en quelques secondes, remet devant ton entrée la neige que tu as pelletée toute la soirée

La grosse charrue… Je ne parle pas ici de la fille qui a couché avec le mari de ma meilleure amie, je parle du monstre qui déneige l'autoroute Montréal-Québec et qui prend une voie et demie de large. Cette charrue-là, elle fait bien son travail. Mais quand la même grosse affaire passe sur ma petite rue de quartier, c'est pas aussi efficace ! Quand tu dis que tu pourrais facilement vivre dans le banc de neige qu'elle a laissé derrière ma voiture… y a des limites à ma patience !

Une nuit, j'ai réglé mon cadran à 4 heures et j'ai surveillé l'engin. Au moment où la grosse bibitte est arrivée devant chez nous, je suis sortie avec ma jaquette en *flanellette* assumée, mes bas gris de construction, mes bottes en faux loup-marin pis mon manteau court pour amincir ma taille et j'ai crié : « Excusez-moi ! Ma voiture n'est pas un modèle qui gravit les montagnes, pourriez-vous, s'il vous plaît...»

FLOUFFFFF!

HYDRATATION

Journée d'ouvrage

C'e matin, il fait moins quarante-six avec le facteur vent. J'hydrate ma peau!

Mais avant, il faut que je me rase, pour que la crème pénètre le plus possible. Parce qu'un gorille à la peau douce, on en rencontre rarement.

J'hésite entre le rasoir, la crème dépilatoire et la méthode ayoye-crisse-ayoye-ciboire-estie-que-ça-fait-mal, c'est-à-dire la cire. Je décide de prendre le rasoir, quitte à me raser un bouton qui dépasse pis à saigner toute la journée!

Une fois les poils délogés, j'ai les aisselles qui brûlent et les jambes qui saignent. Tout est comme d'habitude; la crème maintenant!

Je commence avec ma crème antistress, que je badigeonne sur mes coudes, mes genoux et mes talons, et que je laisse pénétrer long-temps, parce que je ne veux pas hydrater aussi mes planchers de bois. Ensuite, pour mon cou et mon visage, j'y vais avec la totale, soit une crème relift-oligo-thermale-tonifiante-cellule-anti-âge-raffermissante-teint-éclatant, que j'applique avec ma spatule pour crémer des gâteaux.

Bien sûr, pour mes lèvres, j'utilise la crème repulpante à haute hydratation intense qui te donne l'impression d'avoir la bouche enflée pendant cinquante-deux secondes, que je passe à me regarder dans le miroir pour voir si c'est vrai!

Et pour finir, je mets un anticerne au yogourt, qui procure une sensation de fraîcheur et de pu-de-poches-en-dessous-des-yeux pendant au moins quatre heures. Le temps de déjeuner, de faire mon lunch et d'affronter le trafic pour arriver au travail, les poches sont revenues!

Me demande si ça ne serait pas mieux une chirurgie!

LE CAFARD

Coquerelle qui ne file pas!

Après une journée à se tartiner de crèmes de toutes sortes, nous, les célibataires, on se demande à quoi cela peut bien servir!

Oui, je sais, vous allez me dire que c'est important de nourrir sa peau, pour la souplesse et la douceur, pour prévenir le vieillissement prématuré… mais si notre peau vieillit sans être touchée par quelqu'un qui en apprécie la texture et le goût, c'est comme entretenir une chose qui ne sert pas. Un moment donné, tu te dis: «Pis de la marde, qu'a sèche, qu'a plisse, qu'a craque, je m'en sacre!»

On peut aussi utiliser la métaphore suivante: «Pourquoi frotter un char si tu vas jamais faire un tour avec?»

J'adore les voitures!

Laissez-moi me comparer à une Formule 1, c'est-à-dire que mon moteur est encore très performant, mais moins longtemps. Mon endurance… n'endure plus grand-chose. J'ai quelques égratignures profondes et d'autres en surface, mais rien pour m'empêcher d'avancer.

Je peux encore faire des tours de piste, mais je m'éloigne de la compétition. J'aimerais beaucoup me faire dorloter par un pilote qui connaît ma valeur.

Mais y'é où, ce pilote-là ?

Bon, c'est beau tout ça… mais j'ai du lavage à faire, moi !

LA VOYANTE

Femme extralucide qui a deviné
tes résolutions pour l'année et qui t'en parle
pendant une heure pour la jolie somme
de 90 dollars

Selon mes statistiques, 80 % des femmes aiment se faire dire ce qui va se passer dans l'année qui vient… J'en fais partie !

La voyante : Il y a beaucoup de gens autour de vous, vous ne les voyez pas, mais ils sont là !

Moi : Bon ! Pis c'est qui, ce beau monde-là ?

La voyante : Il y a une dame avec les bas roulés aux chevilles, cela vous dit quelque chose ?

Moi : C'est ma grand-mère ! On l'appelait « Mathilde, lève tes bas !!! ».

La voyante parle pu !

Moi : Excusez-moi ! Si ma grand-mère vient de faire la route du cimetière de Shawinigan jusqu'ici, j'imagine qu'elle a un message pour moi ?

La voyante : Elle me demande si vous portez toujours les boucles d'oreilles qu'elle vous a offertes.

Moi: Elle ne m'a jamais offert de boucles d'oreilles!

La voyante: Une bague?

Moi: Non!?

La voyante: Une chaîne?

Moi: Non plus! Ça va pas ben!!!

La voyante: Votre grand-mère n'est plus dans la pièce!

Moi: Ce n'était probablement pas la bonne grand-mère! Ça fait déjà quinze minutes qu'on est là-dessus... Pour mon travail, voyez-vous des projets, quelque chose?

La voyante: Vous êtes en période d'écriture pour votre prochain spectacle.

Moi: Oui, c'était écrit dans le journal cette semaine. Pour les amours, voyez-vous quelqu'un?

La voyante: Il y a des hommes autour de vous qui vous regardent, mais vous ne les voyez pas!

Moi: Oui, madame, je les vois, je suis même allée prendre un café avec quelques-uns d'entre eux... et ce sont des morons, des pas-de-classe, des mous, des pas-d'hygiène, ni de la bouche, ni du corps... Donc, si c'est de ceux-là que vous parlez, c'est fait, j'ai donné dans la soirée qui changera PAS ma vie. Et dites-moi pas que l'amour va arriver quand je vais être prête, parce que ça fait une couple d'années que je suis prête, madame! Moi, je vous prédis de moins en moins de clientes dans un avenir très rapproché!

Dire que j'aurais pu mettre ces 90 dollars là sur une belle soirée avec une escorte!

Combien ça peut coûter, une escorte ? Est-ce qu'on choisit un homme dans un catalogue ?

Je vais demander à ma belle-sœur d'appeler pour moi !

L'HOROSCOPE

Lire ce qui va arriver cette année
pour ton signe et t'apercevoir que c'est
la même chose que l'an passé

J e suis Vierge, Chèvre pour les Chinois, Crocodile pour les Aztèques et Tilleul pour les Gaulois. Tout à fait moi. Une Vierge encore un peu naïve, qui se fait manger la laine sur le dos comme une chèvre que le crocodile va dévorer quand elle va s'endormir près du tilleul.

Mais moi, tout ce que je veux savoir, c'est si je vais rencontrer quelqu'un cette année. Le reste ne m'intéresse pas !

Alors, on me dit que, en janvier, j'aurai de petits mots d'amour dans mes courriels et que, en février, j'aurai de puissants sentiments pour quelqu'un au bureau, qui, en mars, fera vibrer ma corde sensible. Toutefois, en avril, nous allons rencontrer quelques barrières… (Y avait oublié qu'il était marié, j'imagine.)

On me dit que, en mai, je ferai un grand ménage dans ma maison pour accueillir quelqu'un (sans doute parce que sa femme l'aura mis à la porte) et que, en juin, j'aurai une aventure dans le Sud. On me conseille de laisser l'histoire d'amour là-bas parce que, en juillet, je recevrai des mots d'amour d'un autre gars du bureau. En août, je soupçonnerai mon premier gars du bureau de tromperie et paraît-il que je voudrai en savoir plus ! En septembre, je perdrai ma *job*, mais je n'aurai même pas le temps de me demander comment payer mon hypothèque, parce que je trouverai un autre poste stimulant pour ma carrière. En octobre, j'aurai une autre aventure avec un autre gars du bureau. En novembre, j'aurai un coup de foudre pour le thérapeute qui m'aidera à démêler tout ça !

Toute une année !!! C'est dommage que je ne travaille pas dans un bureau !

PEUR DE L'AVION

Appareil qui vole comme un oiseau…

Une semaine dans le Sud pour couper l'hiver en deux! Oh que oui!

Mais pour cela, il faut prendre l'avion, cette chose qui pèse quarante-deux tonnes et qui reste dans les airs.

Excusez-moi, mais ça ne me rentre pas dans la tête! Parce que, avant de prendre les trois pilules qui vont m'aider à m'en foutre complètement, je me dis que si la lumière du *check engine* s'allume, le pilote, il peut pas mettre les clignotants d'urgence et s'accoter sur un nuage en attendant que la remorqueuse arrive.

La dernière fois que j'ai pris l'avion, j'ai malheureusement entendu une agente de bord dire, après une demi-heure de vol: «Nous devons faire demi-tour à cause d'une difficulté technique.»

Des trois choses qu'on ne veut pas entendre en avion, l'incontestée «difficulté technique» vient tout de suite après les phrases «Restez calmes» et «Des pâtes (froides) vous seront servies».

J'en oublie une quatrième, la phrase du beau-frère qui essaye de nous rassurer en disant: «Ça ne doit pas être si grave que ça!»

Beau-frère qui, bien sûr, a travaillé toute sa vie pour Air Canada comme préposé au MÉNAGE dans les avions et non pas comme MÉCANICIEN-MACHINISTE.

Alors, mon Raymond spécialiste, si c'est pas si grave que ça, pourquoi y a-t-il huit camions de pompiers qui nous attendent sur la piste d'atterrissage? Sûrement pas pour nous vendre des calendriers!!!

Je trouve que le moment est venu de prier et de promettre que, si je survis, je ne mangerai plus jamais de chocolat.

On nous a demandé de nous mettre en position d'atterrissage d'urgence, c'est-à-dire la tête entre les deux jambes. Je ne peux pas croire que la dernière chose que je vais voir avant de mourir, c'est mon gras de cuisses!

Finalement, très bel atterrissage, tout le monde applaudissait, et moi je pleurais en me disant que le chocolat, c'était terminé pour moi.

Je me suis remise à prier en demandant à Dieu de briser notre entente.

J'adore voyager!

MAUDITES DOUANES I

What did you say?

O n dira ce qu'on voudra, parler anglais…
ça aide! Surtout avec les douaniers qui te
prennent pour une criminelle quand tu veux passer
une semaine en Floride et que t'en arraches juste
pour dire que tu pars *one week for vacation*!

Moi: *Me NO going in* hôtel, *I'm going* chez des
amis qui *have* un condo chez *you*, pis qui *have* un
amazing bargain 110 000 dollars *before* les rénos
dans le temps que les *United States* étaient dans
la *shit* avec *your money* américaine, *you know*?

Comme il comprend pas pantoute ce que t'es-
sayes de lui dire, c'est là qu'il met ses gants…

Douanier: *Come with me!*

Est-ce que j'ai dit quelque chose qui t'a fait
de la peine?

MA JOURNÉE

S'est passée d'une façon, je dirais…
acrobatique!

En me levant ce matin, j'ai failli piler sur le chien, qui s'était endormi à côté de mon lit. J'ai fait le grand écart pour ne pas le déranger.

J'ai essayé d'entrer dans une blouse blanche que j'ai achetée il y a deux ans… j'ai travaillé fort.

J'ai fait un salto arrière pour attraper mon pinceau d'ombre à paupières qui, sans mon intervention, se serait ramassé dans le bol de toilette. Je l'ai attrapé juste à temps, j'aurais aimé filmer cela!

Pour terminer ma journée de cascadeuse, j'ai dansé comme Michael Jackson sur de la glace, dans mon escalier couvert de verglas… Vous auriez dû voir ça! Ce qui m'étonne, c'est d'aller me coucher sans aucune blessure. Incroyable!

J'envoie mon CV au Cirque du Soleil!

LE MAGASINAGE

Activité sensationnelle

Magasiner, c'est bel et bien mon sport préféré! Surtout quand j'ai besoin de rien, parce que magasiner avec une liste de choses utiles, ça donne vraiment pas le même *feeling*!

Mes endroits favoris: les magasins à rayons! Juste de toucher le panier en entrant et d'y déposer mon sac à main, je me sens en vacances… C'est mon moment à moi! J'adore presque tous les rayons. Bien sûr, je prends mon pied dans les nouveaux produits de beauté: j'ai envie de croire que, si je porte la nouvelle fragrance, je vais rencontrer l'homme de ma vie, que le nouveau mascara m'allongera les cils jusque dans le front sans beurrer mes lunettes, que le nouveau super pinceau pour appliquer le *eyeliner* m'empêchera de me faire une ligne qui touchera mes oreilles. J'aime aussi tous les autres rayons: vêtements, cuisine, literie… mes amours!!!

Ça me rend à moitié folle… non, aux trois quarts folle, jusqu'à ce que j'arrive à la caisse et que, en sortant ma carte de crédit, je me demande si ça va passer. J'enlève la moitié de mes achats en me répétant la question que les comptables ont inventée : «J'en ai-tu vraiment besoin?» Ben non… cibolac!

LA VULGARITÉ

En paroles, ça fait beaucoup de bien

En février, quand il fait moins quarante avec le facteur vent et que je décide de prendre le transport en commun parce que ma voiture est ensevelie sous la neige pis ESTIE que ça me tentait pas de pelleter… c'est dans ces moments-là que j'adore la vulgarité parlée! Non, mais on jase, là! Les concepteurs d'abribus, y ont jamais mis de robe pour l'attendre, le CRISSE d'autobus!?

Pis leur CALVAIRE d'horaire de MARDE! Toi, tu te dis: «L'autobus passe à 9 h 5, j'vais sortir de chez moi à 8 h 55, comme ça, j'aurai pas le temps de geler!» Ben, CIBOIRE, il ne passe pas à 9 h 5! Heille!!! Des bas de nylon, ça peut pas garder au chaud comme un habit de *ski-doo*! VERRAT! Fini l'ESTIE de transport en commun l'hiver! La prochaine fois, j'vas le déneiger, mon CÔLISSE de char! Excuse-moi, maman!!!

LA SAINT-VALENTIN

*Fête plate, que tu sois célibataire
ou en couple*

La fille en couple : Ah ! Trop commerciale, cette fête, comme si on devait célébrer notre amour juste cette journée-là !

La célibataire : Maudit que ça va être plate à soir, j'aimerais ça avoir un amoureux juste pour cette journée-là !

Trop commerciale ! Comme si la fille ne serait pas super fâchée si son *chum* l'oubliait ! Je suis sûre qu'elle le trouverait *cute* même s'il lui achetait un toutou de pharmacie... En passant, qu'essé qu'y fait à la pharmacie, lui ? Une nouvelle démangeaison ou il a vraiment oublié la Saint-Valentin ?

Pendant ce temps-là, nous autres, les filles célibataires, on prend un coup en se disant qu'on est mieux toute seule que mal accompagnée. On essaye de se convaincre qu'au moins on peut manger ce qu'on veut, à l'heure qu'on veut, qu'on peut partir en voyage quand on veut! En fait, on peut faire ce qu'on veut… oui, mais seule!!! OK, les filles! Ce n'est pas grave! *SHOOTER!!!*

RÉGLER SES COMPTES

Nouvelle recette

Une amie a trouvé un truc pour que son *chum* écoute ce qu'elle avait à dire. Quand ils se retrouvaient le soir et qu'elle lui racontait sa journée ou lorsqu'elle lui parlait des problèmes qu'ils avaient à régler, il continuait de regarder son portable et répondait à ses courriels.

Un soir, elle lui a proposé un jeu sexuel pour lequel il fallait qu'elle l'attache sur une chaise. Quand il a eu les pieds et les mains liés ainsi qu'une paire de bas de laine enfoncée dans la bouche, elle a mis les points sur les *i*.

Mon amie : Mon amour, on va commencer l'année en beauté, c'est ce soir qu'on se dit les vraies affaires ! À partir de maintenant, j'aimerais qu'on dépose nos téléphones portables dans l'entrée en arrivant du travail. Parce qu'on fait semblant de se parler et qu'on s'écoute pu pantoute. Si je passe une journée de merde au travail, j'aimerais ça juste te la raconter. Je veux pas que tu me trouves des solutions du genre : « Veux-tu que j'y aille, moi, casser la gueule de ton patron ? » T'as rien entendu quand tu me dis ça, c'est même pas avec mon patron que j'ai de la misère ! Pendant que tu n'as pas le choix de m'écouter, je vais en profiter pour te dire ce que tu fais qui me tape sur les nerfs, parce que je sais que tu ne me laisseras pas t'attacher une deuxième fois !

Quand tu me pognes le derrière pendant qu'on fait le souper, pour moi, ce n'est PAS un préliminaire ! Quand tu me dis que tu m'aimes juste avant de vouloir faire l'amour, je n'y crois pas… désolée ! Pis pourrais-tu nettoyer la cuisine après avoir essayé de te prendre pour un grand chef ?

J'aimerais aussi que tu me dises les choses que je fais qui t'agacent, ça nous évitera de payer une fortune en thérapeute dans quelques années. À part ça, pour moi, tout est beau, je trouve qu'on s'entend bien, tous les deux. Et avant de te détacher, c'est certain que je vais te faire une gâterie !

QU'EST-CE QU'UN TUE-L'AMOUR ?

Plein de petites choses… mais promis, les gars, on va faire attention

– Des bas de nylon aux genoux de couleur miel doré ;
- une permanente ;
- des leggings arc-en-ciel ;
- un pyjama Bob l'éponge ;
- des cheveux gras ;
- une manucure rongée ;
- un maillot de bain deux pièces quand, en fait, une troisième pièce serait nécessaire ;
- un soutien-gorge mouillé de transpiration ;
- des pieds qui puent ;
- des empreintes de genoux dans un pantalon en coton ouaté !

Moi, j'ai un soutien-gorge beige qui fait ressembler mes seins à des chapeaux de fête… mais je le garde !

LES RECETTES
DE GRAND-MÈRE

*Des trucs que l'on essaye
et qui ne marchent pas*

– Pour les lèvres gercées : graissez-les avec de la cire d'oreille chaude, vous entendrez encore mieux ce que vous dites.

– Pour les démangeaisons : fabriquez une crème avec de la graisse Crisco, de la cendre de bois de poêle et un peu de tabac mâché, appliquez-la sur le coude préalablement ébouillanté du patient et demandez-lui de mordre dans une ceinture de cuir !

– Pour la toux : placez un bas de laine sale sous l'oreiller. La toux devrait cesser, mais il y a un risque de vomissement.

– Pour les hémorroïdes : mélangez un peu de liquide de couilles de castor avec de la vaseline et appliquez sur la partie sclérosée. Mais attention aux effets secondaires, le patient pourrait commencer à fabriquer des barrages dans la maison.

Bon… on va essayer ça !

DES FOIS, J'AI BESOIN…

De croire aux pubs télé

Y a des jours de déprime où j'ai envie de croire qu'un simple rince-bouche va changer mon haleine de gousse d'ail. Que mes nouvelles fenêtres seront vraiment garanties vingt-cinq ans. Que mon fond de culotte ne sera pas moite ni inconfortable si je porte une légère protection. Qu'avec ma nouvelle voiture, je vais vaincre des bonshommes de neige, des arbres et des roches s'ils m'attaquent ! Que mon nouveau matelas mousse ne prendra jamais mon empreinte. Que le caca de mon chien va sentir meilleur si je lui donne de la nourriture aux céréales. Que pendant deux ans je vais me baigner sans jamais penser que la piscine n'est pas payée et que c'est P.K. Subban qui me livrera ma pizza.

Ouf… je me sens déjà mieux !

DU MAL À DIRE NON

L'histoire de ma vie

Je suis incapable de dire non :
— quand on me demande à la caisse de donner pour une bonne cause ;
   — aux petits vendeurs de chocolat à ma porte ;
   — au beurre dans le *popcorn* ;
   — au troisième verre de vin ;
   — au pain croûté chaud et au pain blanc Gadoua ;
   — au gâteau au chocolat ;
   — aux sacs à main en solde ;
   — à ma mère ;
   — aux personnes âgées ;
   — aux *partys* ;
   — aux balades en quatre roues ;
   — à mes amies découragées de la vie ;
   — à la police (surtout quand la contravention vient avec un sourire *sexy* !) ;
   — à vous… mon public !

MA PLUS GRANDE CRAINTE

Avez-vous deux heures à me consacrer ?

Je crains les invasions de domicile. À partir de 21 h 30, j'ouvre la porte à personne, même si c'est la police qui vient sonner chez moi.

Premièrement, qu'est-ce qui me dit que ce sont de vrais policiers ? Ils avaient juste à me téléphoner avant. Vous allez me dire qu'ils n'avaient pas mon numéro ? Ben ça, c'est leur problème. Ils sont censés être capables de retracer mon cellulaire, je l'ai vu aux nouvelles.

Même avec les scouts qui passent à l'heure du souper, j'exige une carte d'identité avec photo, parce que, moi, un scout qui commence à avoir de la barbe, je trouve ça suspect !

J'ai engagé un détective privé pour savoir si le facteur était vraiment un facteur : je le trouve louche parce que mon chien l'aime.

Ma voisine a voulu m'inviter à prendre un café, elle vient d'arriver dans le quartier, je la connais pas, je lui parle pu, je prends pas de risque.

Même les soirs d'Halloween, j'arrête de donner des bonbons à 17 heures, je ferme toutes les lumières, je fais semblant que j'suis pas là, pis je mange tous les bonbons qui restent!

On est jamais assez prudent!

SI ON POUVAIT DIRE…

Mais on ne le dira pas

Quand un homme méchant meurt, on devrait pouvoir dire la vérité sur ce qu'il était vraiment. Je me demande si, un jour, nous entendrons : « La mort de cet homme rend heureux à peu près tout le monde qu'il a côtoyé. Mauvais patron, mauvais mari et mauvais père, il a passé sa vie à faire du mal aux autres. Il est maintenant hors d'état de nuire à ceux et celles qui en avaient encore peur. Il n'avait pas d'amis : si nous sommes tous réunis aujourd'hui, c'est seulement pour nous assurer qu'il est bel et bien mort. Nous regrettons qu'il ait vécu assez longtemps pour faire mentir l'adage qui dit que ce sont toujours les meilleurs qui partent en premier. Nous ne le regretterons pas. Et je vous invite à venir célébrer sa mort au restaurant, tout cela sur son bras, bien sûr ! »

Adieu tellement !!!

SI J'AVAIS UN PÉNIS

Juste une journée

Avant même de penser à m'en servir, j'achèterais un gros bateau, un cinquante-huit pieds minimum, parce qu'en ayant un pénis je n'aurais pas peur d'avoir l'air fou en reculant pour le stationner au quai.

Ensuite, j'irais essayer la voiture de mes rêves, parce qu'avec mon appendice le concessionnaire m'accorderait tout de suite sa confiance.

Je porterais un habit griffé, une montre griffée et un parfum griffé, et j'irais voir les gens de la banque pour faire un gros emprunt afin d'acheter un immense condo à Dubaï, que je revendrais dans la même journée en faisant un extraordinaire profit !

Et le soir, en regardant la télé, j'aurais la main dans mon pantalon pour jouer avec mon sac de billes. Ça, ç'a l'air le *fun* !

Mais vraiment juste pour une journée !

RENDRE SERVICE

Ça me tente pas...

C'est jour de congé, tu décides de rien foutre, de t'habiller en mou, d'avoir l'air du yâble, de pas mettre de déodorant, pis là, y a quelqu'un qui t'appelle pour te demander un service... MERDE!!!

Dans mon cas, ça me fait le même effet que demander à un ours de sortir de son hibernation pour aider à changer un pneu crevé: j'suis pas contente! En plus, y a des personnes à qui tu ne peux pas dire non! Surtout si cette personne-là t'a jamais rien demandé, même pas de l'aider pour ses trois déménagements.

Bon... je saute dans la douche pis j'm'en viens! En arrivant là-bas, j'entre et ça crie: « SUR-PRISE!!! » Tous mes amis étaient là! On a passé une merveilleuse journée!

Morale de l'histoire: si on vous demande un service, ne dites pas non tout de suite, regardez d'abord la date sur le calendrier!

ENCORE DES DIÈTES MIRACLES

On n'a pas fini d'y croire

Je me suis encore fait prendre cette semaine sur Facebook en lisant : « Elle a perdu vingt livres en trois jours juste en buvant ce liquide… Pour en savoir plus, lire la suite ! » Naturellement, jamais dans l'annonce il n'est mentionné que le fameux liquide donne la diarrhée et que les trois jours suivant l'absorption, on les passe dans la salle de bain. Je l'sais, c'est exactement ce qui m'est arrivé, mais j'ai perdu six livres, pas VINGT !

Tu l'sais, Lise, que ça n'existe pas, les miracles !

Arrête de boire du vinaigre, du jus de citron avec de la cannelle, de la mangue avec des piments, mange moins, bouge plus !

Y en a pas, de secret, mais je me fais prendre chaque fois !

PHRASES QUE J'AI DÉJÀ ENTENDUES

*Et que j'essaye de dire
le plus souvent possible*

– Rien n'est terminé tant que la grosse femme n'a pas chanté!

– Le cœur ne sert pas juste à pomper le sang!

– T'es ben plate, mange un peu de couleurs!

– Aujourd'hui, tu es encore plus belle que quand tu es belle!

– Être optimiste, c'est s'attendre à un retour d'impôt!

– Je travaille vingt-quatre heures sur sept!

– Y'é venu faire un tour dix minutes pis y a jasé une demi-heure!

– Je t'emmerde avec un grand A!

– Je comprends l'anglais uniquement quand c'est moi qui le parle!

– Je vous ai déjà vue quelque part?

Ça ne m'étonne pas, j'y vais souvent!

MES CONVICTIONS

Des quoi ?

Je ne sais pas si vous êtes d'accord avec moi, mais je pense que, en vieillissant, on perd nos convictions. Je trouve cela dommage, parce qu'il faut maintenant faire des efforts pour croire aux certitudes qu'on avait avant.

Il y a toujours une petite voix intérieure qui nous dit : « Ben voyons donc, ça s'peut pas, une personne gentille comme ça ; ça s'peut pas, être amoureux comme ça ; ça s'peut pu, un amour durable ; ça s'peut pas, un politicien qui veut vraiment changer le monde ; ça s'peut pas, un policier qui ne donne pas de contraventions ; ça s'peut pas, un prêtre qui n'a rien à se reprocher ; ça s'peut pas, un médecin qui fait toujours attention à lui… ça s'peut pas, MOI dans un costume de cycliste ! »

Ça, c'est du désillusionnement !

MÉDECINE

Suis-je normale, docteur ?

J'ai enfin trouvé un médecin de famille. Sa clinique est à cinq kilomètres du barrage de la baie James, mais c'est pas grave, j'accumule les bobos avant d'aller le voir et je prends en note toutes les questions que je veux lui poser. La première fois, j'suis montée avec mon oncle qui travaille là-bas. Lui, il a un congé une semaine aux trois mois, alors on est partis en février pis on est revenus en mai, mais je me plains pas, les médecins de famille sont tellement rares. La seule chose que j'aime pas, c'est qu'après vingt heures de route j'veux pu qu'il m'examine, j'me sens pas assez fraîche. Je lui ai demandé si on pouvait utiliser Skype à l'avenir, mais c'est certain que c'est compliqué. Par exemple, un examen pour une vaginite, c'est pas simple par vidéo. S'il fallait que la police entre chez moi pendant que je suis en ligne avec mon médecin !

LA TÉLÉPORTATION

Qu'est-ce qui arrive avec ça ?

Il me semble que, depuis *Star Trek*, on n'entend plus parler de téléportation. Il faudrait absolument qu'on encourage la recherche à ce sujet, on économiserait tellement de temps et d'argent! Vous voulez des exemples? Ça va me faire plaisir!

Le matin, plus besoin de ma voiture pour aller travailler, j'entre dans le grand tube de plexiglas qui est installé dans mon garde-robe d'entrée et hop! J'arrive au travail avec un café latte dans les mains!

À midi, j'entre dans le tube de mon bureau, juste à côté de l'imprimante, j'apporte mon lunch et je vais manger sur la plage de mon choix. Une heure plus tard, je reviens un peu plus bronzée et heureuse!

Pendant la pause de l'après-midi, un petit cappuccino en Italie!

Le soir, avec quelques amis, toujours en passant par le tube, on va prendre l'apéro sur une terrasse à Paris! C'est pas beau, ça? Je pourrais m'impliquer dans la recherche, en faisant fabriquer le tube par mon beau-frère, parce qu'il travaille maintenant pour une compagnie de plexi, mais pour ce qui est de la poussée que ça prend pour nous faire décoller, on pourrait peut-être commencer des tests avec un fabricant de balayeuses centrales!

Il faut absolument continuer les recherches là-dessus: pensez-y, vous pourriez lire ce livre-là dans un hamac à Bora Bora!

L'avenir est dans la téléportation!

GESTES RIDICULES I

Tout à fait moi !

J'appuie très fort sur les boutons de la télécommande au risque de la briser, même quand je sais que les piles sont à changer.

J'appuie aussi très, mais très, très fort sur le bouton de l'ascenseur, deux fois, trois fois même, pour être bien certaine qu'il arrive sur-le-champ, maintenant, tout de suite.

J'appuie, ou plutôt je défonce les touches de mon ordinateur quand :

– il est gelé ;

– il me dit qu'il ne trouve pas mon dossier ;

– il décide de changer ma mise en pages ou le caractère de mes lettres ;

– il me dit que ce n'est pas la bonne imprimante, même si ça fait cinq ans qu'ils travaillent ensemble.

J'en suis à mon quatrième ordi. Je tape très fort !

MON AMIE RECHERCHE

Quelqu'un en permanence

L ouise est encore et toujours à la recherche de l'homme qui répondra à tous ses critères. Bonne chance, ma Loulou !

J'adore quand elle me raconte ses nombreux *blind dates*. Elle me décrit chacune de ses rencontres avec un langage vulgaire et très imagé.

Elle était persuadée que ça pouvait marcher avec l'homme qu'elle a rencontré le mois dernier.

Louise : J'te le dis, j'vais finir ma vie avec lui ! J'en suis sûre, comme quand je me fouille dans le nez et que je suis persuadée de tomber sur quelque chose d'intéressant ! La seule chose qui m'énerve chez lui, c'est que, quand je lui raconte certaines parties de ma vie, il me regarde comme si je lui avais demandé d'aller m'acheter des serviettes hygiéniques. Qu'est-ce que tu veux, moi, j'en suis pas à mon premier barbecue, je suis comme un poêle à bois, des fois, j'ai la pognée trop chaude. Va falloir qu'y s'habitue ! Si lui, y a dormi au gaz pendant des années, il va s'apercevoir que je suis capable de lui en montrer. Moi, mon vécu, j'm'en sers !

Les conversations avec Louise sont tout sauf ennuyantes, comme le faisait remarquer ma mère en se trompant dans ses citations.

Ma mère : Elle n'a pas la langue dans sa bouche, elle !

Moi : Dans sa poche, maman !

Ma mère : Ben voyons, ça s'peut pas, une langue dans la poche !

LA RAGE AU VOLANT

Inconsciente, insignifiante, imprudente!

Se fâcher au volant, c'est comme brosser les dents d'un alligator qui a un problème dentinaire : ça sert à rien !

L'autre jour, une automobile m'a coupée. Elle est passée si proche et si rapidement que j'ai vu ma vie défiler. C'était pas mon heure, mais j'ai eu peur ! J'étais tellement enragée que j'ai mis tout mon poids sur le klaxon et je l'ai tenu enfoncé, jusqu'à ce que le bruit de mon criard sonne comme un navire qui rencontre un iceberg.

Mais l'iceberg est sorti de sa voiture...

Comment vous expliquer son style ? Un Viking avec des mains plus grosses que mes cuisses, le genre motard, mais qui se promène dans un véhicule de courtoisie, probablement le temps que son gros pick-up soit réparé.

J'ai tout de suite arrêté de klaxonner pour entendre sa voix au travers de ma fenêtre fermée. Il a souri en me disant: «Je suis désolé…»

Moi, j'ai craqué et je lui ai donné mon numéro de téléphone!

À suivre…

QUE SERA MA VIE
DANS DIX ANS?

J'aime mieux pas le savoir!

Dans dix ans, j'aurai soixante-dix ans!
Nooooonnnn!

J'espère que j'vais encore avoir ma face de première communion! Mon visage qui a longtemps eu l'air d'une face de bébé que personne ne prenait au sérieux, surtout pas à la banque! J'avais hâte d'avoir l'air plus vieille! C'est fait! C'est là!

Mais dans dix ans... Premièrement, je vais me souhaiter la santé au moins jusqu'à quatre-vingts ans. Si j'ai de la misère à marcher, je vais m'acheter une marchette que j'aurai décorée moi-même. Elle va être super belle! Je vais la prendre rouge métallique, avec des roues chromées et une tête de mort sur le devant!

Je vais porter plein de bracelets et des bagues dans chaque doigt pour les user un peu avant de partir! Je vais m'habiller en couleurs, ce que je n'ai pas fait dans ma vie, et je vais porter des

chapeaux parce que, ça aussi, j'en ai jamais mis !
Quand les gens vont me voir passer, ils vont dire :
« Regarde la vieille crisse… de folle ! » Yééééé !

VIEILLIR I

Cruel

Plus je vieillis, plus j'ai peur de toutes sortes d'affaires.

J'ai peur :

— d'avoir l'air d'un clown quand je me maquille ;

— que la fin du monde arrive avant que je meure ;

— de ne plus me souvenir à quoi sert un vibrateur et de l'utiliser pour essayer d'ouvrir une bouteille de vin devant mes invités ;

— de prendre ma voiture pour aller aux États-Unis, parce que je ne suis pas capable de conduire en anglais ;

— de devoir prendre des Tylenol avant de faire l'amour ;

— d'avoir l'air ridicule dans un déshabillé *sexy* (y a des bonnes chances !) ;

— de porter des chaussures orthopédiques ;

– que mes seins se ramassent dans le fond de ma brassière et que je sois obligée de mettre des *kleenex* pour les remonter et leur donner du volume!

À suivre…

LES HUMEURS
DE PRINTEMPS

MÉTÉO

Sujet de conversation très populaire
quand tu ne sais pas quoi dire

Moi: Hé! Salut, toi! Fait pas chaud aujourd'hui, le printemps tarde à se montrer!

L'autre: Ben oui! On a une marmotte pas loin de chez nous, ça fait quatre fois qu'elle sort de son trou trop tôt. C'est vrai qu'elle est ben vieille, peut-être qu'elle se rappelle pu pourquoi elle sort!

Moi: Nous autres, on a une ourse sur notre terrain, elle est sortie deux minutes avec son bébé pis elle est rentrée!

L'autre: Mon ami, y a un orignal pas loin de chez lui, pis sa femelle, elle s'est même pas roulée dans son pipi encore!

Moi: Ah ouin! Ben moi, mon oncle, il a un coq, pis y chante enroué!

L'autre: Hein!? Ben nous autres, notre voisine n'est pas encore sortie en jaquette pour prendre son café sur la galerie!

Moi: Bye! À la prochaine!

JE ME DÉBARRASSE…

Pis ça va être laid

Quand le printemps arrive, faut faire de la place! Pis ça commence à matin!

Le *set* de vaisselle de ma tante Rollande: chaque année, je me dis que, si je m'en sers pas cette année, je le donne… C'était ma tante préférée! Je pense pas qu'elle va être fâchée, elle est décédée! Y a juste Dieu qui voit tout ce qu'on fait, pas ma tante Rollande! Débarrasse!

Dans le fond de mon garde-robe, j'ai trouvé des vêtements avec une étiquette sur le cintre. J'avais écrit: «Ces vêtements ne me font pas pour le moment.»

Je me suis assise par terre et j'ai ri pendant vingt minutes! POUR LE MOMENT… Heille, ça fait cinq ans que je l'ai pas mis, ce linge-là! Débarrasse!

J'ai trouvé quatre sacoches laides parce qu'elles n'ont plus de corps, on dirait qu'elles ont mangé un coup de poing dans la face. En les regardant, je me suis demandé comment j'ai fait pour tomber en amour avec. C'est fou à quel point on peut haïr ce qu'on a aimé, des fois! Débarrasse!

Les beaux souliers qui me font saigner des pieds: débarrasse! J'pense pas que je vais maigrir des pieds.

La perruque blonde qui traîne dans mon placard depuis cinq ans: débarrasse! J'ai vraiment l'air folle en blonde!

Savez-vous quoi? J'ai repris la maudite perruque dans le sac! Pas été capable de la donner!

POURQUOI???

REPEINDRE UN MUR

Un autre moment plate du célibat

Moi, j'aime choisir la peinture, mais PEINDRE, pas vraiment !

Je voulais repeindre un mur de ma salle de bain. Rose. Devant les échantillons de couleurs, j'hésitais entre rose Pepto Bismol et rose barbe à papa, mais j'étais pas sûre que ça soit une bonne idée !

Les cartons de couleurs dans les mains, je m'imaginais installer les toiles pour ne pas tacher les planchers, préparer les pinceaux et le nettoyant, placer l'escabeau à moitié dans le bain pour faire le découpage des fenêtres. Pis je me suis vue tomber en bas de l'escabeau, casser un carreau de céramique, me couper la main en voulant le ramasser, tacher les toiles avec mon sang, prendre le taxi pour aller à l'hôpital. C'est toujours de même que ça finit quand je veux faire des travaux manuels ! Fait que j'ai laissé les petits cartons de couleurs au magasin : je vais attendre le nouveau *chum* avant de me lancer dans les changements... et pour sortir le bac de récupération aussi.

SORTIE DE FILLES

Besoin de s'accoupler au printemps

Bon, je vais me faire une ligne d'*eyeliner*. Pas tout de suite, je vais mettre des faux cils avant.

Je vais porter un rouge à lèvres plus pétant que d'habitude.

Je vais me crêper les cheveux.

Ça serait *cute*, une petite barrette.

J'vais choisir cette robe-là, pour mettre mes seins plus en valeur.

Je vais essayer mes talons hauts.

Réflexions devant le miroir : « Mon Dieu ! Maquillée de même, j'ai l'air d'un clown ! Pis je ressemble à une pute avec cette robe-là ! On dirait vraiment que j'suis en manque ! OK ! Je recommence ! »

BLIND DATE

Rencontrer quelqu'un à l'aveugle…
Pas sûre !

En partant du principe que chaque chaudron trouve son couvercle, on ne devrait pas être célibataire aussi longtemps. Pourtant, tous les jours, je me fais une séance de positivisme : « Me semble que je suis facile à vivre, je suis une bonne fille, pas compliquée… j'ai la peau douce, je sens bon ! » Mes amies me disent que je suis trop exigeante. Voici la liste de mes critères, vous me direz si c'est trop !

J'aimerais rencontrer un homme bien en chair pour qu'on puisse manger des cochonneries ensemble, un homme drôle et très, très propre de sa personne, jusque dans le caleçon. À mon avis, c'est primordial : si monsieur ne veut pas mettre la table, y'é pas question que je mange quelque chose ! L'homme que je recherche a aussi un très grand sens de l'humour, il est habile de ses mains, il aime les animaux, il partage les tâches, il conduit bien, il ne fume pas et n'est pas toujours devant l'ordi. Il porte un habit une fois de temps en temps, pas seulement pour un mariage ou un enterrement. Il ne danse pas comme un pied, il aime le karaoké et faire la cuisine, il n'écoute pas la télé dans la chambre, il ramasse ses bas sales, il aime la nature, mais surtout mes amis et amies.

Je pense que j'ai fait le tour !

Finalement, je vais peut-être m'acheter un chien !

HÉTÉROSEXUEL

De plus en plus rare

L'autre jour, je discutais avec une amie.

Moi : Je le trouve beau, Alain ! Est-ce qu'il est célibataire ?

Amie : Oui, mais il est gai !

Moi : Et Philippe ?

Amie : Gai aussi !

Moi : Ben voyons ! Pis le gars qui joue avec le bouquet de fleurs là-bas ?

Amie : L'ex de Philippe !

Moi : Tout le monde, je vous demande une petite minute d'attention ! Je veux que vous sachiez que je suis hétérosexuelle et que j'ai décidé de l'assumer ! Ça va faire, les cachettes ! Est-ce qu'il y a un hétéro ici ce soir ? Je sais qu'on est dans un salon mortuaire, c'est pas facile, mais quelqu'un m'a dit que je rencontrerais l'homme de ma vie ici ! Ah ! Merci, Jean-Louis, d'avoir levé la main,

c'est courageux de sortir du garde-robe!
Célibataire?

Jean-Louis : Non, en couple depuis quinze
ans!

PARLONS SEMENCE

*Mais pas de celle qu'on sème...
au printemps !*

On jase, là ! Est-ce que le sperme a vraiment bon goût ? Ne tournez pas cette page tout de suite, vous verrez, j'ai essayé de bien choisir mes mots. C'est vrai, le terme est cru, je vous l'accorde, alors appelons la chose comme le suggère mon dictionnaire des synonymes : le sang blanc.

D'abord, une de mes priorités : est-ce que le sang blanc fait engraisser ?

Mon médecin m'a répondu que plein d'autres aliments sont plus dommageables que celui-là. Souvent amer et d'une âpreté parfois difficile à supporter, le sang blanc a, paraît-il, selon les régions, un léger goût du terroir.

Et avez-vous déjà remarqué un changement de goût quand le fabricant mange très épicé ?

Il faut dire que le produit ne reste pas assez longtemps dans la bouche pour que nous puissions découvrir toutes les épices qu'il pourrait contenir !

Enfin, pour terminer cet étonnant billet d'humeur, je vous laisse là-dessus : « Il faut beaucoup aimer le producteur pour s'allonger à sa table ! »

SI JE GAGNAIS
À LA LOTERIE

Ou comment me faire des ennemis

L a première chose qui me vient en tête quand je vois que le gros lot est rendu à 60 millions, c'est que si je le gagne, je vais le distribuer!

Bon, on sépare ça comment? Je prends mon carnet d'adresses pour trouver tous les gens que je veux aider. Admettons que je décide de séparer ça par petits lots, disons 500 000 dollars, je peux aider cent vingt personnes. Mais tout de suite dans ma tête j'entends : « Elle a gagné 60 millions pis elle me donne juste ça ? » Excuse-moi, est-ce que je peux en garder, de l'argent ?

Bon, admettons que je garde 10 millions pour les enfants et moi, question qu'on vieillisse avec de bons dentiers pour ne pas manger mou. Il reste donc 50 millions. Supposons qu'il y a des familles qui auraient besoin de plus, genre 2 millions. Ben, y vont-tu appeler les autres familles que je connais à qui je vais en donner moins pis chialer dans mon dos ?

Ce que je peux faire : je pars en voyage un an, j'écoute mes messages en revenant et je donne de l'argent à tous ceux qui ne m'en ont PAS demandé !

Mieux que ça : j'achète pas de billets de loterie ! Trop de trouble !

MAUDITES DOUANES II

Hé! J'ai appris l'anglais

J e vous raconte ma deuxième fois aux douanes
américaines.
Moi: *Where is Brian? Where is Sandy?*
She kick the ball. John and Mary go to school.
My name is Dion, same with Céline.
This is my passport!
Just you and me and this fucking guitar!
Yes, I have a money! How much?
But, I'm a funny girl and I love my life!
Nice to meet you me too!
Le douanier m'a encore demandé de le suivre
en mettant des gants.
Moi: *No! No! Please! My pants it's no fresh
because I'm wake up at five o'clock this morning. I
take the shower, but now I'm not sure I smell good!*
Faut aimer ça, la Floride!

CHANGER DE VIE

Lise ! Ta yeule !

En soupant chez une amie ce soir, je lui ai demandé pendant que nous dévorions le dessert : « Tu as une belle vie maintenant, mais si tu pouvais la changer, elle aurait l'air de quoi ? »

Un silence est tombé… Je me sentais comme quelqu'un qui change de style de musique dans un *party* quand tout le monde a du *fun*. Il faut dire que ses enfants et son *chum* étaient assis à table avec nous quand elle a raconté qu'elle aurait aimé être agente d'immeubles à Dubaï, être riche, ne pas avoir d'enfants et être toujours en voyage d'affaires.

Finalement, tout le contraire de ce qu'elle vit présentement !

Les enfants se sont mis à pleurer en disant : « Mais nous ne serions pas dans ta vie, papa non plus ! »

Je ne pensais jamais qu'elle me répondrait si franchement. Comme la chicane était pognée, je suis partie sans qu'ils s'en aperçoivent.

Ça fait du bien de se questionner de temps en temps!

LA TABLE D'À CÔTÉ

L'indiscrétion devrait être un sport

Je le sais que, comme moi, au restaurant, vous aimez écouter les conversations des autres autour de vous, en faisant semblant d'être super intéressé à ce que vous lisez, peu importe ce que c'est.

Ce que j'adore entendre, c'est une chicane de couple, j'en raffole !

Elle : Tu penses que je t'ai pas vu ? Tu la regardais comme un enfant qui attend que les carrés aux Rice Krispies refroidissent ! Tu aurais pu te garder une petite gêne !

Lui : Ben voyons, mon amour ! Tu te fais des idées !

Elle : Ah ouin ? Même le ton de ta voix a changé quand tu lui parlais ! On aurait dit un chanteur de *La Voix* qui n'a pas été choisi ! Tu étais pathétique ! En plus, tes oreilles sont devenues rouges !

Lui: Ben voyons, mon amour! Tu te fais vraiment des idées!

Elle: Ah ouin! Quand elle t'a donné une tape sur les fesses et que j'ai vu ton pantalon changer de grandeur, c'est des idées que je me fais, ça aussi?

Il se lève et s'en va…

La femme se tourne vers moi.

Elle: Pis, madame, avez-vous passé une bonne soirée?

Moi: Ben là… Vous n'allez pas vous laisser comme ça?

ÇA M'ÉNAAARVE !

Mèche courte

Dans un restaurant, quand quelqu'un se mouche à la table d'à côté… GRRRRRRR !

Un jour, j'espère avoir le culot de me lever et d'aller lui dire : « HEILLE ! Prends deux secondes pour vivre le moment présent et tu vas réaliser que tu es dans un restaurant : ton ménage de printemps, tu le feras chez toi ! Nous autres, on veut pas savoir ce que tu as dans ton nez ! Tu te lèves et tu vas te moucher dans les toilettes ! Parce que, moi, je serai plus capable de manger mes huîtres si tu continues à me donner l'image de ce qu'il y a dans ton mouchoir ! »

Je vais m'arranger pour le dire assez fort, pour que tous les clients du restaurant se lèvent et m'applaudissent !

Il le fera pu jamais !!! Ça m'a fait du bien !

L'EXCUSE

*Outil pratique pour s'arranger
une soirée de congé*

Quelle bonne excuse pourrais-je inventer pour ne pas aller à cette soirée que ma belle-sœur organise chaque année pour collecter des fonds ?

En plus, c'est même pas ma vraie belle-sœur, parce qu'elle est la deuxième femme de mon frère, qui n'est même pas mon vrai frère. Elle ramasse de l'argent pour construire une école dans un pays qu'elle n'est pas capable de trouver sur un globe terrestre et où elle ne mettra jamais les pieds. Mon opinion, c'est qu'elle recueille des fonds pour payer ses cartes de crédit. A m'énarve !

Elle est tellement snob que, quand elle parle, on dirait qu'elle a une brassière dans la bouche.

Bon, quelle excuse je vais donner ?

« Excuse-moi, je ne pourrai pas y aller, mon chien a mangé mon manteau. » Non, je l'ai déjà essayée, celle-là, et elle m'a dit de faire tuer mon chien… maudite folle !

« Excuse-moi, je viens de recevoir mes appareils ménagers et je vais être obligée de faire l'amour avec les livreurs, j'ai pas de monnaie pour leur pourboire ! »

« Excuse-moi, ma voiture a quatre crevaisons, penses-tu que c'est du vandalisme ? » Finir avec une question, c'est bon ça ! C'est un peu gros, par exemple !

« Excuse, j'suis assez malade, j'ai vomi mon gâteau de première communion ! » Tu exagères, Lise… T'as beau vomir longtemps, y a des limites !

Bon ! J'vais être encore obligée de débouler l'escalier !

Câline !

LIRE ENTRE
LES LIGNES

Des fois, c'est très clair

Par exemple, ton patron t'annonce : « Ce que j'ai à te dire, c'est pas facile… » Ce qui signifie : « Tu viens de perdre ta *job* ! »

Ton garagiste te dit : « On a commandé une pièce pour votre véhicule. » Traduction : « Elle n'est pas encore arrivée, vous n'aurez pas votre voiture tout de suite ! »

« Ben non, tu me déranges pas, mais je pourrai pas te parler longtemps ! » La vérité : « Envoye, parle ! Qu'est-ce que tu veux ? »

« Je pourrais te prêter ma voiture, mais… » Tu dois comprendre : « T'as rêvé à ça ! »

« On aurait aimé ça, souper chez toi, mais Gilles… » Ça veut dire : « Y t'aime pas !!! »

LA SAGESSE

*« Écoute ta mère
quand ton père te parle ! »*

Quand j'étais jeune (et encore aujourd'hui), je ne comprenais pas toujours les conseils des personnes plus âgées.

La sagesse de mon grand-père : « Ma petite fille, n'accepte jamais de 25 cents en bois ! »

Je ne la comprends toujours pas et il est parti avant de me l'expliquer. C'est-tu la morphine qui lui a fait dire ça ? Je pense qu'il faisait peut-être référence à des chèques pas de fonds… Pas bête !

La sagesse de ma mère : « Arrête de rire le vendredi, tu vas brailler le dimanche ! »

Ben voyons, m'man ! C'est quoi ça ? Si je pleure dimanche, c'est parce que tu vas m'empêcher de sortir !

Un de ses adages favoris : « Un de perdu, dix de retrouvés ! »

J'te crois plus, m'man ! J'en ai perdu quatre, je devrais en avoir quarante qui m'attendent, mais je ne les ai jamais vus !

Ma préférée, la sagesse de ma grand-mère : « Mets pas tes yeux croches, tu vas rester de même ! »

Regarde, grand-maman, ça fait trente fois que je le fais aujourd'hui pis j'ai pas les yeux croches ! Coudonc, c'est-tu moi que tu regardes, là ?

Méfiez-vous de la sagesse !

LA FÊTE DES MÈRES

Hommage aux défauts de maman

À plusieurs reprises, j'ai rendu hommage à ma mère, mais, aujourd'hui, j'ai décidé de vous parler de ses défauts, dont je ne voudrais surtout pas hériter en vieillissant !

Elle était rancunière. Son record de rancune : quinze ans sans parler à quelqu'un de sa famille. Ce fut tellement long qu'elle ne se souvenait plus vraiment du sujet de la discorde. J'ai quand même hérité d'un petit gène de rancune : je passe par-dessus un conflit, mais je n'oublie jamais !

Elle était boudeuse. Son record de bouderie envers moi : trois jours. J'ai pleuré toutes les larmes de mon corps avant de savoir pourquoi elle ne me parlait plus. La raison : elle avait peur que je lui demande d'aller vivre avec ma mère naturelle. C'était une bonne raison, sauf qu'elle aurait pu me dire ça le premier jour. Boudeuse, je l'ai déjà été, mais je ne le suis plus.

Enfin, presque plus… Bon, peut-être une petite demi-heure!

Elle était insistante. Dans le sens qu'elle ne me laissait jamais décider par moi-même. Non seulement elle insistait, mais elle m'insultait dans la même phrase:

«Tu devrais porter ce chandail-ci. T'as l'air folle avec celui-là!»

«Tu vas aller te faire couper les cheveux, on te voit pas les yeux, t'as l'air d'une pouilleuse!»

«Non, tu manges pas ça, tu vas encore engraisser!»

«Avant, tu te levais plus tôt le matin. Il est 11 heures, voire si ç'a du bon sens! Depuis que tu te tiens avec ton amie que j'aime pas, tu changes, ma petite fille!»

Je fais aussi quelques recommandations du genre à mes enfants, par exemple: «Tu devrais mettre un manteau plus chaud!» Mais ma phrase s'arrête là, je n'ajoute jamais: «Viens pas brailler si tu pognes une pneumonie!»

MAIS comme j'aimerais l'entendre encore et encore!

AVEZ-VOUS DÉJÀ PENSÉ...

À faire disperser vos cendres ?

Moi, j'hésite encore.

C'est certain que si je choisis l'incinération, j'aimerais qu'une partie de mes cendres soit déposée dans le cimetière où reposent mon père et ma mère. L'autre partie, j'aimerais qu'elle soit enterrée dans la forêt près de ma maison de campagne. Sauf que, quand ils vont séparer le sac de cendres en deux, ils n'auront aucune idée de quelles parties de mon corps il y aura dans chaque paquet...

Si c'est vrai que nous allons tous ressusciter d'entre les morts, je vais peut-être me ramasser avec une jambe au cimetière de mes parents pis l'autre à Asbestos... Est-ce que je vais rester écartillée de même pendant toute l'éternité ?

C'est ça, la vraie question ! Enterrée ou brûlée ? C'est là que je suis rendue !

ENVIE D'UN GRAND CHANGEMENT

Vous ne me reconnaîtrez plus

Cette année, j'ai décidé de changer ma couleur de cheveux et mon prénom. Oui, madame… À partir de maintenant, appelez-moi… Vanessa! C'est ridicule! Je n'ai pas l'air d'une Vanessa du tout. D'abord, il me semble que, pour porter ce nom-là, il faut mesurer au moins cinq pieds dix pouces, avoir un corps élancé et des cheveux blonds ondulés! Non, j'ai plus le *look* d'une Troïka, petite toutoune russe brune et ronde, venue au monde à Montréal, qui a mangé beaucoup de patates parce que ses parents se sont sauvés de la Russie avec pas une cenne!

OK! On va oublier ça! Je garde mon prénom qui n'a rien d'exotique parce que je suis venue au monde à Ville Saint-Laurent et mes cheveux vont rester de même! Mais je pense à ça, je pourrais remplacer le *s* par un *z* et taper sur les nerfs du monde quand je vais dire : « Je m'appelle Lize, mais avec un z. »

SI J'AVAIS UN PSY...

Ça me ferait tellement de bien

J e pourrais lui demander si c'est normal :
— de discuter avec ma cafetière. « Heille !
Grosse niaiseuse, t'as une *job* à faire dans la vie,
pis tu trouves le moyen de pas la faire comme
du monde !? » ;

— d'attaquer mon essuie-glace comme une lut-
teuse professionnelle parce qu'il n'essuie plus rien
à la hauteur de mes yeux ;

— d'arracher le cellulaire des mains de ma
belle-sœur et de l'éteindre parce que sa son-
nerie, c'est elle qui essaye de chanter *All by myself*
comme Céline Dion ;

— qu'une fois par semaine je rêve que j'attaque
Donald Trump avec un *clipper* ;

— que je veuille aider mon entrepreneur pendant les rénos parce que je trouve que les travaux n'avancent pas assez vite. Pardon ? Vous
avez dit... ménopause ?

MAUVAIS ENDROIT, MAUVAIS MOMENT

*Pourquoi c'est toujours à moi
que ça arrive ?*

Pourquoi la caissière ferme sa caisse quand c'est à mon tour de payer ?

Pourquoi c'est toujours moi qu'on choisit comme victime dans un cours de réanimation ?

Pourquoi l'erreur de couleur chez la coiffeuse, c'est dans mes cheveux qu'elle se retrouve ?

Pourquoi, quand je reviens du Sud avec un gros coup de soleil, je suis assise dans l'avion à côté d'un dermatologue qui me regarde avec le mot « épaisse » écrit dans ses verres de contact ?

Pourquoi, dans n'importe quelle situation, c'est à moi que les gens disent : « On s'excuse, madame, pour tous les problèmes qu'on vous a fait vivre, ce n'était jamais arrivé à personne avant vous ! » ?

Maintenant, ma hantise, c'est de mourir au mauvais endroit au mauvais moment !

LE VIEUX JOUAL

Quand j'␣t'ais jeune

Venue au monde à Montréal, j'ai parlé joual toute mon enfance.

« Ç'a l'air que Diane est en balloune, j'te dis que son *chum* l'a déniaisée pas à peu près ! Me semble que, y a pas si longtemps, a jouait encore avec ses catins ! La mère à Diane a mis ses culottes, pis a y a parlé, à son grand innocent de *chum*. Sais-tu quand t'esse qu'y vont s'accoter, ces deux-là ? Parce que ma mère m'a dit qu'a va accoucher de son bébé en mars, faut qu'y trouvent un logement avant. A commence de bonne heure. Pour moé, a va avoir une trâlée d'enfants, elle ! Moé, en tout cas, mon prochain *chum*, il va falloir qu'y m'conquérisse pis qu'on sorte *steady* ensemble avant qu'on parte pour la famille ! Sinon, pas de nanane ! Y a le grand Pierre qui m'tourne autour, mais y'é tarla, y'é même pas capable de casser avec sa blonde, pis y dit qui l'aime pu ! Y dort su'a *switch*! Pis elle, a t'a une face à fesser dedans! Est ben mieux de pas venir me baver parce que m'as t'y brasser la cage, moé! M'as te l'dire ben franchement, Linda, toute me tombe su'l système ces temps icitte! Viens avec moé, on va se caler une bière!»

Ça va être tout!

GESTES RIDICULES II

Attention, violence

L e matin, je ne fais pas mon lit tout de suite pour que les acariens meurent au contact de l'air. J'ai lu ça sur Facebook ! J'aime les imaginer se rendre compte qu'il n'y a plus de chaleur ni d'humidité, alors ils se prennent la gorge à deux mains, ils s'étouffent et ils meurent… Ne me dites pas que c'est pas vrai, je suis heureuse comme ça ! S'il vous plaît !

Depuis des années, je m'entête à faire moi-même ma pédicure et, chaque fois, je me charcute les pieds avec une lame qui enlève la corne, pis je mets du sang partout sur le plancher quand je marche. Je me dis qu'un jour, quand la lame ne voudra plus sortir de mon pied, j'irai faire faire ma pédicure par des professionnels.

J'engueule régulièrement la dame qui me parle dans mon GPS, je vais même jusqu'à lui expliquer pourquoi je ne prends pas la direction qu'elle m'a suggérée.

Je l'sais, c'est vraiment pas fort !

MON AMIE RECHERCHE ENCORE

C'est pas fini

Louise, mon amie dont je vous ai parlé plus tôt, est revenue au point de départ. Elle a rompu avec le dernier candidat, mais déjà, hier soir, elle avait obtenu un nouveau rendez-vous!

Louise : Celui d'hier, je ne le reverrai plus! Y en mettait plus que le client en demande. Quand je lui racontais un peu ma vie, il riait comme un enfant de neuf ans qui vient de trouver le mot « pet » dans le dictionnaire! En plus, tu sais comment l'hygiène c'est important pour moi. On aurait dit qu'il avait mangé ses bas tellement y puait de la bouche! J'avais l'impression de prendre un café à côté d'un site d'enfouissement! Même si t'as un problème de dentition ou d'estomac, t'as pas le droit de faire vivre ça au monde autour de toi. Mets-toi un masque de soudeur dans la face et, surtout, garde-le pour faire l'amour! J'ai même pas fini mon café, je lui ai dit : « Excuse-moi, j'ai un compte d'électricité à payer avant minuit ! »

J'ai tellement hâte qu'elle me raconte son prochain rendez-vous !

LE VIKING VIENT
SOUPER

Oh là là !

Il vient de me texter, il arrive ! On parle pas de papillons dans le ventre, on parle de deux oiseaux de proie qui me croquent les intestins !

Je me sens comme une adolescente qui va faire l'amour pour la première fois… Quoique, depuis le temps que je l'ai pas fait, mon hymen s'est peut-être ressoudé ? J'sais pas si ça va saigner… Ben non !

Ça sonne à la porte ! Pis merde… je réponds pas !

Voyons, Lise, fais une femme de toi !

L'armoire à glace penche la tête pour passer la porte ! Mon frigidaire est plus petit que lui ! Il est comme je les aime !

Moi : Hé ! Allô ! Comment tu vas ? Pas eu trop de misère à trouver la place ? Déshabille-toi, fais comme chez vous !

Viking : Chez nous, je suis toujours tout nu !

Moi : Ah ! Meuffannnnn ! (J'ai l'air épaisse.) J'espère que tu as faim parce que je t'ai préparé une grosse cuisse de cerf rouge avec cinq livres de patates pilées !

Viking : Tu connais mes goûts !

Moi : Ah ! Meuffannnnn ! (J'ai encore l'air épaisse.) Je t'ai préparé deux chaises pour que tu sois confortable pis j'ai sorti mes ustensiles de barbecue parce que, vu la grosseur de tes mains, t'as besoin des bons outils !

Viking : J'mange avec mes doigts aussi ! (Il dit ça en prenant ma main.)

Moi : Ah ! Meuffannnnn ! (J'vais perdre connaissance !) As-tu amené ton pyjama ? (Je lâche un rire niaiseux.)

Il a fait craquer ma table de cuisine avec son poing tellement il a ri !

À suivre… Vous êtes trop pressés !

VIEILLIR II

Atroce

Plus je vieillis, plus j'ai peur de toutes sortes d'affaires.

J'ai peur :
- de sentir le pipi ;
- de sentir la poudre ;
- de m'endormir avant mon premier verre de vin ;
- d'être toujours célibataire ;
- de devenir une vieille maudite qui dit tout haut ce qu'elle pense tout bas ;
- de ne plus digérer le prosciutto ;
- de ne plus pouvoir dormir ailleurs que dans mon lit ;
- de porter des chandails avec des minous et des pantalons beiges en polyester !

À suivre...

LES HUMEURS D'ÉTÉ

J'AI DÉJÀ VU UNE SOUCOUPE VOLANTE

J'en ai jamais parlé à personne

Vous auriez jamais pensé ça de moi, hein? C'était pendant l'été de mes neuf ans.

Alors que j'écris ça, j'me dis que c'est ben rare, une soucoupe volante l'hiver: c'est probablement à cause de l'électronique que les extraterrestres ont dans leurs vaisseaux, ça doit pas être fait pour nos températures. Toujours est-il que j'étais avec un ami, et on se promenait sur nos bicyclettes à siège banane – d'ailleurs, l'ovni avait la même forme que nos sièges. Mon ami et moi, on ne s'est pas fait enlever par les extraterrestres, on avait l'air trop épais la bouche ouverte en regardant le ciel. Ils devaient rechercher des spécimens plus intelligents. Un monsieur est passé, il a observé le ciel et il nous a dit: «Ben non, c'est pas une soucoupe volante, ça, c'est un phénomène qui se passe dans le ciel!» Pis il est disparu aussi vite qu'il est apparu. Depuis ce temps-là, je me dis que, cet homme, c'était un extraterrestre qui voulait nous convaincre que son peuple n'existe pas.

Ben c'est ça ! Merci l'étranger d'avoir détruit notre moment magique !

MON CHIEN

Un gros jouet

Ce matin, je regardais mon chien étendu dans le gazon et je me disais : « Y a déjà quatre ans pis y fait rien, ce chien-là ! »

Quand je lui lance la balle, c'est moi qui vais la chercher. C'est aussi moi qui vais chercher le journal. Si un étranger essaye d'entrer dans la maison, je suis obligée de lui lancer le chien parce que, lui, y fait rien, y'é juste content de le voir !

J'ai décidé de l'emmener voir un entraîneur, mais pas n'importe lequel : Cesar Millan, celui qui parle aux chiens ! Y'é-tu assez *cute*, ce monsieur-là, et il entraîne des chiens d'artistes, ça fait qu'il est habitué avec les gens névrosés qui prennent leurs chiens pour leurs enfants.

Quand Cesar est venu à Montréal, j'ai obtenu un rendez-vous avec lui. J'ai beaucoup de contacts dans le monde canin !

Avec sa belle bouche et ses dents javellisées, il m'a posé une première question.

Cesar: Qu'est-ce que vous voulez faire avec votre chien?

Moi: J'aimerais qu'il apprenne quelques tours pour impressionner ma visite et, bien sûr, je veux me faire écouter.

Cesar: Il faut d'abord montrer au chien que c'est vous le patron.

Depuis le début de la conversation, Woody, mon gros berger allemand, a toujours son museau dans le califourchon du bel entraîneur, comme si son entrecuisse dissimulait un pot de biscuits!

Cesar: Expliquez-moi le tempérament de votre chien.

Moi: Bien… heu… je dirais que c'est un chien clown comme sa mère, toujours prêt à avaler un bas pour faire rire le vétérinaire et ma comptable! Il boude à l'occasion, surtout quand j'oublie de lui donner une surprise après son magnifique pipi sur mes tulipes. Petit détail, mais quand même important: il a tellement peur du tonnerre et des éclairs que, au plus fort de l'orage, il se prend pour un petit chien. Il me saute dessus comme un chihuahua qui a besoin de chaleur en février. Et je l'aime comme il est, dans le fond, je veux qu'il reste tel quel!

Pendant que je demandais à Cesar de me montrer quelques trucs à moi, pour épater mes amis, du genre: «POW, t'es morte», «Donne la jambe», «Roule» – quoique rouler, je maîtrise

bien ça, surtout après un bon repas dans un restaurant –, tout ce temps-là, Woody m'attendait
avec les clés de l'auto dans la bouche !

Envoye à la maison !

INVITATION
À UN MARIAGE

*Le plus beau jour pour les mariés,
le plus plate pour les célibataires*

De mémoire, y a pas un été où j'ai pas reçu d'invitation à un mariage. Pendant le dernier auquel j'ai assisté, au moment de lancer son bouquet, la mariée m'a crié : « Envoye, Lise ! Va te placer derrière moi pour l'attraper ! Tout d'un coup que tu te maries cette année ! »

La célibataire enragée qui était derrière moi a fait un saut périlleux pour attraper le bouquet et, quand elle a atterri, son talon est venu se poser sur ma jupe, qui s'est immédiatement déchirée, ce qui m'a fait rouler sur la piste de danse, sans le bouquet, bien sûr ! On s'entend qu'avec cette magnifique chorégraphie, mes chances de me marier cette année sont nulles ! Je ne connais pas beaucoup d'hommes qui aiment les femmes couchées sur un plancher de danse, les dessous à l'air – une gaine beige avec des bas de nylon par-dessus – et un genou en sang !

Ma mère me l'avait bien dit : « Ne mets jamais de bas de nylon par-dessus une gaine, tu vas avoir l'air folle si tu as un accident ! »

C'est ça !

CHANGER UNE JOURNÉE DANS MA VIE

Il y en a juste une

Un été dans ma vie, je me suis mariée… je pense !

Il faisait beau ce jour-là, mais il faisait trop chaud. Ma robe collait sur moi comme une deuxième peau et, toute la journée, je me suis dit : « Va falloir que je l'enlève avec des ciseaux. » Pourtant, c'était une robe très simple, le modèle pour les morphologies en A. Parfait pour les toutounes.

J'en ai essayé une avec des froufrous, mais elle me faisait bien juste quand j'étais debout sur le tabouret du magasin. Quand je descendais, j'avais l'air de la tour Eiffel après un tremblement de terre, pis j'étais toujours ben pas pour apporter le tabouret à l'église.

C'est un mariage qui a mal commencé parce que ma mère, juste avant de partir, en plaçant mon voile, au lieu de me donner des conseils mère-fille, m'a dit : « Tu vas faire la plus grosse gaffe de ta vie ! »

Et ça s'est très mal terminé, avec un buffet de poulet frit Kentucky !!!

J'aurais dû aller à La Ronde !

LES FAUSSES URGENCES

Perte de temps

J'ai un message dans ma boîte vocale.

Belle-sœur : S'il te plaît, Lise, rappelle-moi, c'est urgent !

Moi, sur le gros nerf : Ben voyons, tu m'as mise à l'envers, qu'est-ce qui se passe ?

Belle-sœur : J'ai reçu une invitation pour un mariage cet été, mais j'ai pas de robe pour aller là !

Moi : Écoute, Julie ! Avoir le bras dans un hachoir à viande, ÇA, c'est une urgence, faire un face-à-face avec un camion-remorque qui transporte des gros arbres, ÇA, c'est une urgence, mais ne pas avoir de robe pour aller dans une noce… À moins que tu aies assassiné les deux mariés pour pas que le mariage se fasse, LÀ, on parle d'une urgence ! Ce serait urgent que tu arrêtes d'employer ce MOT-là, parce que tu ne le mets jamais à la bonne place ! OK ? Bebye !

LES PETITS BONHEURS

*Être 100 % heureux pendant
quelques instants*

J'ai réalisé ce matin qu'il y a des moments dans la journée où je souris d'une façon niaiseuse... surtout quand je suis heureuse pour des petites affaires ! Tantôt, par exemple, je me suis prise en flagrant délit d'épaissitude parce que j'étais contente de ne pas avoir fait gicler de dentifrice dans le miroir. Hein ? C'est-tu pas du bonheur, ça ?

Réaliser que je conduis une voiture depuis trente-huit ans, ça mérite un autre sourire ! Tout comme :

– chanter à tue-tête dans le trafic, les fenêtres fermées ;

– m'habiller en mou, les seins en liberté et le ventre sans contraintes (j'insiste sur l'immense bonheur d'enlever ma brassière) ;

– manger un Whippet tranquillement, par étapes, chocolat, guimauve et biscuit... dans une balançoire ;

– faire pipi après m'être retenue pendant presque tout l'avant-midi;

– m'arracher un poil au menton avant que quelqu'un le voie;

– donner ma commande de crème glacée molle et saliver jusqu'à ce qu'on me remette le cornet dans les mains.

Hein? Ça y prend pas grand-chose, au bonheur, pour s'appeler de même!

GOÛTEZ À CE QUI SE PASSE!

QUAND J'ÉTAIS PETITE, J'AVAIS PEUR DE...

Mon ombre

Ma première grande peur, je l'ai vécue à l'âge de cinq ans. Mes parents m'avaient emmenée passer une semaine à la campagne... La seule campagne que je connaissais, c'était le parc La Fontaine. Ma première expérience avec un crapaud fut si intense que j'ai presque fait mourir mon père. Quand j'ai vu sauter le minuscule crapaud, qui était à environ quinze pieds de moi, j'ai hurlé comme si j'étais prise sous une roue de tracteur!

Plus tard, dans la semaine, nous avons visité une ferme. Les enfants du fermier, par gentillesse sans doute, m'ont traumatisée avec l'histoire du bonhomme Sept Heures qui, supposément, se cachait dans le grenier jusqu'à l'heure fatidique. Il me semble les avoir entendus dire qu'il mangeait les enfants, mais je ne suis pas certaine d'avoir bien compris, je hurlais encore à ce moment-là.

Longtemps, je me suis couchée avant sept heures de peur de le rencontrer.

Ma troisième plus grande peur est apparue à l'âge de huit ans. C'était ma première visite dans un salon funéraire. Quand j'ai aperçu mon oncle dans son cercueil, j'ai hurlé, bien sûr, surtout au moment où ma tante a voulu que je le touche. Pour me calmer, elle a essayé de me convaincre qu'il s'en allait au ciel ! Pendant des années, j'ai eu peur de mourir, je ne voulais pas aller dans un endroit où il n'y avait que des morts comme mon oncle ! Pour me rassurer ou rire de moi, mes cousins m'ont raconté que mon oncle était tellement froid que, si on le touchait, son corps pourrait se casser en mille morceaux. Raison de plus de ne pas aller au ciel : je ne veux pas me couper un pied sur des morceaux de mon oncle !

Tranquillement, en vieillissant, j'ai eu peur des voleurs, des tueurs et, à mon âge, des terroristes. Mes peurs ont grandi et grossi avec moi !

LA TECHNOLOGIE

Oh, boy!

Une journée sans technologie, c'est pensable?
Il faut que j'appelle Maryse pour lui
dire que je ne me servirai pas de mon cellulaire
aujourd'hui! Ben là! Comment on fait pour téléphoner à quelqu'un si on n'a pas de cellulaire?
Ah oui! Avec un téléphone de maison, une ligne
fixe. Mais je l'ai mis où, ce téléphone-là? Je m'en
sers jamais! Je l'ai certainement pas mis dans
le salon, y a pu personne qui met ça là! Ça te
défait un design moderne, ça! Je vais suivre le fil
qui doit être installé sur la maison à l'extérieur.
OK! Y longe le solage, rentre dans le petit trou
à côté de la galerie d'en arrière, descend dans le
sous-sol, passe dans le fond du garde-robe de
la salle familiale qui se trouve en face de mes
armoires de cuisine! En montant, je me suis sou-
venue que le téléphone était blanc jauni et qu'il
était dans la boîte à pain!

Fait que j'appelle Maryse, pis je lui raconte que je vais passer la journée sans mon cellulaire. Elle me dit : «Tu seras pas capable !» Je raccroche ! Elle me fait jamais confiance ! Je ne la rappellerai plus ! De toute façon, ça faisait juste deux ans qu'elle était mon amie, c'est assez !

Je continue ma journée sans cellulaire. Merde… Je me prépare pour dîner, mais comment me motiver à manger ma salade de quinoa, sur mon napperon *vintage* avec ma serviette de table à pois, si je peux pas la prendre en photo ?

Ne pas avoir de cellulaire, ça veut donc dire que je peux pu :

– lire mes courriels pendant un souper avec du monde plate ;

– lire mes messages sur Twitter quand je suis aux toilettes ;

– envoyer des messages textes inutiles à mes enfants pour leur dire que je suis au lave-auto ;

– aller sur Internet pour savoir c'est qui Justin Bieber.

Et surtout, ça veut dire que je peux pu regarder des vidéos de chiens qui mangent des manettes de télé sur Facebook !

Ayoye ! C'est pas facile !

Bon, je vais recommencer à me ronger les ongles !

GARDER SON CALME

Me fait fâcher davantage

Personne n'arrivera jamais à me calmer en me parlant comme si j'étais une hystérique. Surtout quand je pense avoir raison de me fâcher.

J'aimerais mieux qu'on parle plus fort que moi pour m'expliquer la situation.

Exemple : quelqu'un vole ma place de stationnement quand ça fait quinze minutes que j'en cherche une. J'arrive à côté du voleur pour l'engueuler.

Moi : La deuxième paire de lunettes que tu as eue gratuitement chez New Look, porte-la donc en même temps que celle que tu as en ce moment ! Comme ça, tu aurais pu voir que j'étais là avant toi !

Le voleur : Calmez-vous, madame ! Je comprends que vous soyez en colère, j'entends bien ce que vous me dites, mais on peut se parler calmement, le stationnement appartient à tout le monde!

Moi: Moi aussi, je suis capable de te parler comme un dalaï-lama de magasin à une piastre! En ce moment, j'essaye de mettre un frein à la colère qu'éveille en moi cette situation. Je tente de l'analyser pour nommer mon émotion. Je vais t'exprimer une dernière fois ce qui pourrait satisfaire mes besoins. Soit tu enlèves ta voiture immédiatement, soit tu appelles ton garagiste pour qu'il vienne évaluer les dégâts que je vais causer. Est-ce que c'est assez calme pour toi, ça?

Le voleur: Oui, madame, c'est très calme, je vais aller me stationner ailleurs!

C'est vrai que c'est efficace de garder son calme!

Namasté, estie!

CONSTAT D'UNE CÉLIBATAIRE

Qui a du temps libre pour constater...

Un bon gars, c'est aussi dur à trouver qu'un chalet dans les Cantons-de-l'Est! Dans ce coin-là, il faut que tu connaisses quelqu'un qui connaît quelqu'un, qui lui a dit que peut-être il y en aurait un à vendre bientôt! Les gens n'ont même pas le temps d'installer une affiche «À VENDRE».

Fait que si vous entendez parler de quelqu'un qui connaît un bon gars qui vient de se séparer et qui possède toutes les qualités que je recherche, dites à cette personne d'ordonner à ce gars-là de ne pas bouger, de ne parler à personne, de rester chez lui, de ne publier aucun message sur les réseaux sociaux et de ne prendre aucune décision avant qu'on ait bu un café ensemble!

J'ARRIVE!!!

LE KARAOKÉ

Ma passion

S i vous organisez une soirée karaoké, la plu-
part de vos invités vous diront : « En tout cas,
j'aime mieux te le dire tout de suite, moi, je ne
chanterai pas ! »

Ce sont ces invités-là qui ne voudront plus
vous redonner le micro, alors prévoyez-en deux.
Vous serez témoin de moments inoubliables et
insupportables !

Je vous invite la prochaine fois à venir voir
mon amie Hélène, qui se prend pour Cher
après trois verres de vin et six morceaux de fromage. On lui laisse toute la place le temps de
trois chansons. Elle se donne tellement que,
après sa performance, on ne l'entend plus de la
soirée.

Entendre mon ami vietnamien chanter du
Céline Dion… comment vous expliquer ça ? Ça
donne envie d'appeler Céline pour s'excuser.

Y a Léo, mon ami personnificateur, qui arrive déjà maquillé comme Adele. On devine tout de suite qu'il n'y a personne qui va oser chanter une chanson d'elle pendant qu'il est là. Il chante pas, mais vraiment pas comme elle, mais il lui ressemble beaucoup. Moi, je chante toujours les mêmes trois chansons, mais j'attends la fin de la soirée pour m'exécuter parce que mes amis sont un peu tannés de les entendre. Mais, vers 2 heures du matin, quand tout le monde a bien bu et qu'il ne reste plus de fromage, je les entends me crier : « Envoye donc, Lise, chante *Laisse-moi partir* de Nicole Martin ! » Fiou… J'avais hâte qu'ils me le demandent !

JE M'ACCUSE

*D'avoir… déjà répondu au téléphone
en faisant l'amour !*

Je le sais, c'est pas fort, mais j'attendais un téléphone important… de ma belle-sœur, qui devait m'appeler pour me dire si elle avait trouvé la crème hydratante que je cherchais. Y en avait pu dans ma pharmacie à moi !

Mais quand j'ai répondu à l'appel, je vous le jure que j'ai pas parlé longtemps, même que j'ai dit à mon partenaire qu'il pouvait continuer, que c'était pas grave ! Y était très déçu ! C'était vraiment pas délicat de ma part !

J'te dis que, la prochaine fois, j'vais juste lui envoyer un texto !

LE MENSONGE

*Invention qui nous permet
de bien vivre en société*

J'ai essayé aujourd'hui… je vous jure que j'ai essayé… mais c'est vraiment impossible de dire la vérité !

Une amie : Regarde la photo, c'est mon petit-fils ! Comment tu le trouves ?

Moi : Ah ben ! C'est lui, ça !

L'amie insiste : Pis, comment tu le trouves ?

Moi : Est-ce que c'est toi qui lui as acheté cette belle poussette là ?

Une autre amie : Regarde comme ma plaie guérit bien !

Moi : Le mauve autour, j'imagine que ça va disparaître ?

Une autre amie : Regarde ma nouvelle voiture, je l'ai choisie brune, pour pas faire comme tout le monde !

Moi : Hé !!! En tout cas, tu vas la retrouver facilement dans un stationnement !

À quoi ça sert de dire la vérité ? Son petit-fils, y'é vraiment pas beau, sa plaie, elle est loin d'être guérie, pis sa voiture, elle l'a déjà achetée…

Fait que pour ne pas faire de peine, je vais continuer de mentir.

DANS MON
SAC À MAIN, J'AI...

Ça fait peur

Depuis le temps que ma chiropraticienne me demande ce que j'ai dans mon sac à main quand elle me réaligne la colonne, j'ai tout vidé mon sac sur son bureau. C'est à matin qu'on va le régler, le problème.

J'ai les clés de l'auto, du chalet, de ma maison, de la maison de ma fille, de celle de mon garçon et de celle de ma belle-sœur, en cas d'urgence !

J'ai une trousse de secours pour survivre dans mon auto au moins soixante-douze heures, en cas de tremblement de terre. Une chandelle, des allumettes, une lampe de poche, des piles, une trentaine de *Oh Henry !* et même des tampons hygiéniques – j'en ai plus besoin à mon âge, mais ça peut toujours servir si je saigne du nez !

J'ai aussi des boîtes de lingettes pour les mains, pour la face, pour mes lunettes, pour essuyer les sièges de toilette, pour nettoyer un barbecue et les pattes de mon chien. On n'est jamais trop prudent avec les bactéries !

Le conseil que ma chiropraticienne m'a donné : « Laissez votre sac à main dans la voiture et apportez seulement votre porte-monnaie ! »

Sauf que ce dernier est presque aussi pesant que mon sac, parce qu'il contient une cinquantaine de cartes pour ramasser des points, des médailles, des bijoux, des cartes de crédit...

Alors elle m'a conseillé de m'acheter une brouette... C'est pas bête !

TESTAMENT

Papier d'une valeur inestimable
pour ceux qui sont couchés dessus

J'arrive d'un enterrement, pis j'en reviens pas!
Il y a un membre de la famille qui nous a parlé de la personne décédée, c'était touchant, boule-versant, on avait tous envie de pleurer, et il a ter-miné son beau témoignage en nous disant de ne pas oublier qu'un buffet nous serait servi dans le sous-sol de l'église... Bebye l'émotion! Y aurait pu attendre que la cérémonie soit finie! J'étais assez à l'envers, j'ai pris rendez-vous avec mon notaire pour un ajout à mon testament. J'écrirai tout ce que je ne veux pas qu'il arrive le jour de mon enterrement:

– ne pas parler de sandwichs tout de suite après avoir dit que je vais leur manquer;

– ne pas laisser mon cousin Normand parler de moi, parce qu'il va sûrement raconter ce qu'on a fait en dessous de la galerie;

– ne surtout pas laisser sa femme chanter;

– dire au prêtre de ne pas faire semblant de me connaître !

À part ça, ben ouverte à vos compliments !

LA MI-TEMPS DE LA VIE

Jamais entendu parler de ça

J'ai lu dernièrement un article super intéressant sur la crise de la mi-temps de la vie. Si j'ai bien compris le principe, à partir de la quarantaine ou de la cinquantaine, l'envie te prend de changer de vie parce que, dans la première partie, tu as fait tout ce qu'on attendait de toi, mais pas nécessairement ce que TOI tu aurais voulu faire ! Alors tu réalises que, le temps qu'il te reste, tu veux le vivre à ta façon. Certaines personnes se rebellent en changeant leur attitude et leur *look*, elles ont envie d'être elles-mêmes et de ne plus faire de compromis. Je trouve cela génial !

Pour ma part, la crise de la mi-temps s'est passée en douceur... j'ai juste acheté une moto, j'ai commencé à m'habiller en cuir et j'ai laissé Marcel ! Des détails !

ET SI J'OSAIS...

Oui... mais non!

S i j'étais plus audacieuse, j'oserais :
    – avoir une aventure pendant un voyage dans le Sud... une nuit et on en parle plus ;
    – conduire ma voiture à cent quatre-vingts kilomètres-heure... sur un circuit fermé, bien sûr ;
    – partir pour une période indéterminée, sans destination précise ;
    – réaliser un film ;
    – dire à un homme qui ne s'y attend pas : «Je t'aime, arrange-toi avec ça!» ;
    – être rousse ;
    – vivre un cinq à sept au bar de l'hôtel le plus chic de Montréal ;
    – écrire un livre! Hi hi!
    Et vous, qu'oseriez-vous faire ?

ANALYSER

C'est fatigant !

J'ai lu un tas de livres de croissance personnelle, mais aucun ne m'a appris comment cesser d'être en perpétuel questionnement !

Voici le genre de commentaires que je me fais juste sur les vêtements que je vais porter pour un premier rendez-vous avec un homme : « Non, j'peux pas mettre cette robe-là, je vais avoir l'air d'une religieuse, il va penser qu'il va s'emmerder avec moi ! Non, pas cette blouse-là, je vais avoir l'air d'une fille facile qui veut coucher le premier soir, elle est trop décolletée ! Non, pas un veston, je vais avoir l'air d'une chef d'entreprise, il va se dire que je fais un plus gros salaire que lui ! Non, pas de talons aiguilles avec des bas résille, il va me demander mon tarif ! »

Je l'ai appelé et je lui ai dit : « Reste donc chez vous, si t'es pour me juger sur mes vêtements, j'aime mieux pas te rencontrer ! »

AUTRES TEMPS, AUTRES MŒURS

D'hier à aujourd'hui

En 1970, j'avais quinze ans : en 2015, ma nièce a quinze ans. Quarante-cinq ans entre nos deux adolescences et deux dialectes complètement différents.

Moi : M'man, m'en vas à l'école drette-là parce que, si j'arrive en retard, la maudite pisseuse va m'donner un siau de marde, pis a va me sacrer des devoirs de plus su'l dos ! L'autre jour, a l'a l'vé la main pour me taper, mais j'y ai dit : « Ma sœur, t'é dans' marde si tu me touches. » Ben viarge, a s'est mise à brailler ! Mais badre-toé pas avec ça, m'man ! Bye !

Ma nièce : *Oh, my god !* Trop méga en retard pour l'école, là ! Faut que j'envoie un texto à Tournesole, genre qu'a va capoter si a me voit pas sur le *fucking* coin de la rue, là ! Est juste trop *cool*, cette fille-là ! Est un peu 2010 des fois… mais est giga trop intelligente, là ! Des fois, elle vient chez moi, pis on *chille* ensemble, c'est *awesome*!

MOMENT SAUGRENU

Bizarre, hein ?

Ça m'est arrivé dans une file d'attente à la banque.

Pour passer le temps, sans doute, l'homme derrière moi a engagé la conversation. Comment vous le décrire ? Il était petit, trapu, il n'avait presque plus de cheveux, mais, avec l'aide de son gel, il avait quand même réussi à se sculpter quatre pics. C'était sûrement un *fan* de lutte puisqu'il avait la moustache de Hulk Hogan. Il avait aussi un pantalon d'exercice qu'il portait depuis plusieurs jours et une camisole rouge. J'allais oublier ses lunettes de soleil, qu'il réussit à faire tenir sur son front même les jours de pluie.

Sa première phrase était très perspicace.

L'homme : C'est-tu toé qui fais la niaiseuse à tévé ?

Moi : Non, mais tout le monde me dit que je lui ressemble !

GESTES RIDICULES III

Je fais cela régulièrement au volant

Si je change de voie sans avoir vu la voiture dans mon angle mort, je fais semblant que tout est normal, même quand la personne passe à côté de moi en m'engueulant.

Quand mon auto démarre à moins quarante, je donne des petites tapes de tendresse sur mon tableau de bord, en disant : « Bonne voiture ! »

Si j'appuie sur mon klaxon sans faire exprès et que je suis dans une voie qui n'avance pas, je fais bebye à quelqu'un d'imaginaire !

À une intersection, si je suis à côté d'une auto-patrouille, je me donne un air de fille décontractée qui n'a jamais commis d'infraction. Je vais même jusqu'à sourire aux policiers, comme pour leur envoyer le message qu'ils n'auront pas de problème avec moi et qu'ils peuvent continuer leur chemin tranquillement. Vraiment ridicule !

L'INSOMNIE

Dormir, je n'y arrive pas… Pourquoi ?

C'est-tu parce que :

– ma jaquette est trop chaude, trop lousse et qu'elle reste collée sur les draps quand, moi, je veux me retourner ?

– j'ai peur que mon paiement ne passe pas à la banque ?

– mon oreiller en mousse mémoire ne se souvient plus de moi ?

– demain, il va falloir que je jase avec un anglophone alors que je ne parle pas anglais ?

– j'ai oublié de mettre le recyclage au chemin ?

– je me demande si j'ai fait ramoner la cheminée l'an passé ?

– j'ai oublié ma boîte à lunch dans le char ?

OK ! Je recommence : un bijou… deux bijoux… trois bijoux… Je le sais que c'est censé être des moutons, mais moi j'aime mieux les bijoux que les chandails de laine !

MON AMIE RECHERCHE TOUJOURS

C'est amusant

Louise a rencontré un narcissique!
Pendant deux heures, il n'a parlé que de lui: «Eh bien, moi... moi... moi!»

Louise: J'ai eu le temps de boire trois cafés pendant que monsieur me sortait tout son train d'atterrissage, de ses ancêtres jusqu'à la magnifique personne qu'il est devenu aujourd'hui! Je m'excuse, mais pour que je m'intéresse à l'homme que je rencontre, il faut qu'il ait souffert un peu dans sa vie. Qu'il soit capable de pleurer quand il me parle du chien qu'il a déjà eu, pour que je me transforme en infirmière de la Croix-Rouge qui le consolera, avec des couvertures de laine grises et du chocolat chaud. Avant de le quitter, je lui ai dit: «Pierre-Alexandre, tu es merveilleux, mais j'ai bien peur de ne jamais pouvoir être à ta hauteur! T'es certain de pas avoir oublié de me dire une autre de tes belles qualités de mangeux de marde ? Tu pourrais m'en parler pendant que j'attends mon taxi ! »

UTILISER UN CONDOM

Des siècles et des siècles

Aujourd'hui, j'ai arrêté de respirer parce que le Viking vient souper ce soir! Tout d'un coup qu'on ferait l'amour! Tout d'un coup que j'ai perdu le tour!

Je suis allée acheter des condoms. Comme ça fait trente ans que je ne me suis pas servie de ça, j'étais tellement pas sûre de la grandeur que j'ai tout pris: médium à l'aise, large confortable et XXX-large très confortable. Si c'est trop grand, il le remplira de *kleenex*!

La chambre est prête, et j'ai pris deux Tylenol pour les douleurs arthritiques au cas où j'aurais besoin de me mettre à genoux – j'ai de la misère ces temps-ci! J'ai mis les ciseaux sur la table de nuit, parce que ça doit pas être le *fun* d'ouvrir une enveloppe de condom avec ses dents. J'ai aussi sorti mes lunettes de lecture, parce qu'il pourrait perdre du tonus si je lui dis pendant l'acte:

« Attends un peu, j'vois rien, je vais aller chercher mes lunettes pour voir si le condom est percé ! »
À suivre...

VIEILLIR III

Horrible

Plus je vieillis, plus j'ai peur de toutes sortes d'affaires.

J'ai peur :

– de ne pas arriver à temps aux toilettes ;

– de me lever tous les matins avec l'impression de marcher avec des bottines de ski ;

– d'être forcée de simuler l'orgasme pour que ça finisse au plus vite, quoique pas besoin d'être vieille pour faire ça ;

– de sécher du vagin ;

– de faire l'amour avec des vieux messieurs ;

– de faire bebye par la fenêtre au gars qui ramasse les vidanges, parce que je m'ennuie trop ;

– d'être obligée de souper tous les soirs à 16 h 30 (j'aime mieux boire du vin blanc à cette heure-là) ;

– d'avoir à chercher mes dents, mes lunettes et ma brassière en me levant le matin.

Encore à suivre...

LES HUMEURS
D'AUTOMNE

DIALOGUE DE FILM

*L'automne, la saison parfaite
pour écouter des films… pornos*

Elle: Voyons, Bob! Tu es encore nu, au beau milieu de l'après-midi?

Lui: Mais voyons, Katy!

Elle: Chaque fois que je viens ici, tu es nu!

Lui: Mais, Katy, tu as perdu la mémoire? Allez, viens près de moi et déshabille-toi!

Elle: Tu crois que je suis venue ici juste pour ça?

Lui: Y a des bonnes chances, la grande, toute l'équipe de tournage attend après toi!

Réalisateur: Coupez! On recommence!

Moi: Enfin un bon scénario!!!

COURS DE THÉÂTRE

Saison pour apprendre
et pour s'améliorer...

J'ai suivi un cours de théâtre pour simuler l'orgasme, parce que j'étais vraiment pourrie comme actrice. J'avais beau regarder des films pornos, j'étais pas capable de faire le même son que les filles. Un soir, j'ai fait un bruit qui ressemblait au cri que j'ai lâché quand la porte du garage s'est fermée sur mon pied.

Marcel : Est-ce que je t'ai fait mal ?

Moi : Ben non, Marcel, excuse-moi, je l'ai pas pantoute à soir ! Je voulais te faire plaisir et me lamenter comme la fille dans le film qui dit : « Prends-moi devant la porte-patio ! » Mais je suis pas capable ! Mon professeur de théâtre m'a dit : « Prenez votre temps, laissez-vous aller ! » Mais c'est juste la fin de semaine que je me laisse aller !

La semaine, il faut simuler pour que ça se fasse vite ! Trop fatiguée !!!

COURS DE RÉANIMATION

Pas certaine

Quand je suis allée manger avec mon ami Serge et que je l'ai vu mettre un pouce de beurre sur son pain, avoir la face rouge après son premier verre de vin et transpirer à grosses gouttes en ramassant sa serviette de table par terre, je me suis dit que je devrais peut-être aller suivre un cours de réanimation cardiaque, ça pourrait servir!

En commençant le cours, le formateur a sorti la moitié d'un corps de gars en plastique, l'a déposé à mes pieds et m'a raconté l'histoire du mannequin. C'est un homme d'à peu près cinquante ans, il vient de finir sa journée de travail, il est en sueur et il tombe devant moi!

Le formateur: Comment allez-vous réagir?

Moi: Heu... Vite de même... j'te dirais que j'vais me mettre à pleurer, je ne suis pas capable de voir ça!

Le formateur : Il faut laisser ses émotions de côté quand ça arrive ! Alors, qu'est-ce que vous faites ?

Moi : Au prix que je paye le cours, j'aimerais ça que tu me donnes la réponse !

Il m'a regardée comme si je lui avais parlé de ma vaginite à levures et il m'a dit d'appeler une ambulance. J'ai juste eu le temps de lui demander si je devais appeler une ambulance pour vrai. Il a sacré une volée au mannequin, l'a fessé dans l'estomac, lui a soufflé dans la bouche, s'est assis dessus, l'a pompé, pis là, pu rien, y a crié : « Pause ! »

Je suis sortie m'acheter un café et je ne suis jamais retournée dans le cours. C'est pas pour moi, sauver la vie de quelqu'un.

Excuse-moi, Serge !!!

LA MAMMOGRAPHIE

*On le dira jamais assez
que c'est important*

C e soir, en regardant la télé, j'ai échappé un morceau de fromage dans ma brassière. Sur le coup, je l'ai cherché, mais je l'ai pas trouvé, alors j'ai oublié ça. Avant d'aller me coucher, j'ai enlevé mon chandail et, en descendant mon bras, j'ai senti une petite bosse sur mon sein. J'ai retiré ma brassière et j'ai vu le morceau de fromage tomber sur le plancher. J'ai ri, mais j'ai eu très peur ! Je me voyais déjà avec un sein en moins !

Une mammographie, ça peut vous sauver la vie et un sein !

Allez-y !

SENSIBLE AUX ODEURS

Tellement !!!

Une odeur peut :
— faire perdre l'appétit : « As-tu coupé le fromage avec tes pieds ? »

— enlever le goût de faire l'amour : « Est-ce que c'est un restant de partie de hockey que je sens dans ton nombril ? »

— empêcher l'achat d'une maison : « Est-ce que cette maison-là servait à la culture de pot ? »

— faire perdre la confiance : « Chéri ! hurle-t-elle de la salle de lavage. Tu portes *Coco Mademoiselle* de Chanel maintenant ? »

— empêcher une femme d'aller aux toilettes le matin après le numéro deux de l'homme de la maison : « Pour moi, la viande que je t'ai servie hier soir était avariée ! »

Vive l'odeur de l'océan en vaporisateur !

SOIRÉE MEURTRE ET MYSTÈRE

Jamais eu autant PAS de fun

E n ouvrant mon courrier, je tombe là-dessus : « Voici une invitation qui vous permettra d'assister à un meurtre au 221, rue Laprade, samedi soir prochain. Un repas sera servi. Votre rôle pour la soirée sera celui d'une travailleuse communautaire en Haïti qui est une grande amie de la victime. »

Voyons donc ! Qu'essé ça ? Rue Laprade… c'est l'adresse de Carole, ça ! Je peux pas croire qu'il y a encore du monde qui joue à ça ! Il faut que je l'aime, elle, pour me taper une soirée de même !

J'ai quand même construit mon personnage en lui inventant une mission (aller aider les Haïtiens à construire une école) et j'ai appris la chanson *Ça fait rire les oiseaux* de La Compagnie créole… Fait que je devrais avoir du *fun* !

Ç'a mal commencé. Carole nous a reçus avec un petit verre de rosé, pis à un moment donné, pu d'électricité ! Quand la lumière est revenue, Carole était par terre, morte ! Morte, on s'entend : je l'ai chatouillée pis elle riait !

C'était ben plate que ce soit elle, la victime, parce que c'était elle qui devait servir le repas. Je lui ai dit dans l'oreille : « Qu'est-ce qu'on va manger si tu es morte ? » Elle m'a répondu : « Il y a des viandes froides au sous-sol ! » Des viandes froides… on reste dans le thème ! Bon ! Il faut trouver le meurtrier maintenant !

Deux heures plus tard, après avoir frappé quelques invités avec un bottin de téléphone, non seulement on n'avait pas trouvé le meurtrier, mais tout le monde était dans un état d'ivresse assez avancé. On volait les bibelots en se disant que c'étaient des pièces à conviction. Vu la vitesse à laquelle on vidait la maison, d'après moi, c'était la dernière soirée Meurtre et Mystère chez Carole ! Pendant ce temps-là, Marcel écoutait le hockey.

Finalement, le meurtrier, c'était le *chum* de Carole.

Je m'en doutais, je l'ai jamais aimé, ce gars-là !

ENTENDRE DES VOIX

Ce n'est pas toujours une maladie

Quand je fais la cuisine, j'entends la voix de ma mère qui me dit : « Prépare ton plat avec amour si tu veux que ça goûte bon ! »

Quand je conduis ma voiture, j'entends celle de mon père : « Regarde toujours dans ton rétroviseur, comme ça, tu vas le voir venir, celui qui va te rentrer dans le… ! »

À la caisse d'un magasin, j'entends la voix de ma comptable : « Vas-tu la lâcher, cette carte de crédit là ! »

J'entends aussi celle de mon dentiste : « Lise ! La soie dentaire après chaque repas ! »

Et la voix de tous les corps de métier : « Pas assez de légumes dans ton assiette, pas assez de crème sur ta peau, pas arrêtée assez longtemps au *stop*, pas assez d'huile dans le moteur, pas assez de bardeaux sur ta toiture, pas assez de… pis pas assez de… » HÉ ! VOS GUEULES ! J'veux dormir !

LE MALHEUR

C'est facile

B en oui! Je trouve ça plus facile d'être malheureuse!

Bon... Il faut que je me lève tout de suite, sinon j'aurai jamais le temps de me sécher les cheveux!

Bon... Ciboire! La blouse que je voulais mettre est décousue.

Bon... Criss! Y a pu de lait.

Bon... Je trouve pas mon estie de clé de char!

Bon... Sacrament! À quelle heure y va falloir que je parte pour éviter le trafic?

Bon... Là, j'vais arriver au bureau, Nicole va me refiler tous les côlisses de dossiers dont elle ne voudra pas s'occuper!

Bon... Calvaire! Y a quelqu'un qui a volé mon lunch!

Bon... Maudit que ça va mal!!!

Retrouvons le bonheur à la page suivante...

LE BONHEUR

Pas facile

Yé, il fait beau ! Je me lève tout de suite !
C'est pas grave si ma blouse est trouée,
j'vais mettre la belle blanche avec le beau collier
qui fait suer Nathalie au bureau !

J'vais partir plus tôt pour me ramasser un bon
café pis aller voir le beau Stéphane au service à
l'auto !

J'vais prendre le double de ma clé de voiture !
Y a rien qui va me mettre de mauvaise humeur
aujourd'hui ! Oh que non !

Dans le trafic, j'vais continuer d'apprendre
l'italien ! *Italia, arrivo* grâce à mes Air Miles !

La belle Nicole, elle va se mettre ses dossiers
dans le derrière ce matin ! Yé !

Celui qui a pris mon lunch, y me le volera pu
jamais, j'ai mis du jambon passé date dedans !
J'ai super hâte de le voir courir vers les toilettes !

Quelle belle journée !!!

LA CONFIDENCE

*Verser dans l'oreille
un secret empoisonné*

OK! Avant de me confier ton secret, dis-moi ce que tu attends de moi.

Veux-tu vraiment que je le garde pour moi parce que tu ne peux plus le garder pour toi?

Ou bien veux-tu que je prenne mon téléphone immédiatement et que j'appelle la personne concernée? Parce que si tu es amoureuse d'un gars qui le sait pas, ben il le saura pas, pis c'est un ti-peu plate!!!

Si tu veux me confier un potin d'artiste, j'aime mieux que tu ne me le dises pas, je suis incapable de garder ça pour moi.

Si tu commences en me disant: «Y a quelque chose que je veux te dire depuis longtemps», je ne veux pas le savoir! J'ai pas envie d'être fâchée contre toi! Ou si tu me dis: «Tu sais, le gars avec qui t'es sortie la semaine dernière...», arrête tout

de suite parce que je le sais que je vais me mettre
à me gratter !

Pourquoi on n'écouterait pas un film au lieu
de se dire des secrets ?

JE SUIS EMBARRASSÉE QUAND...

Probablement que vous aussi

C e qui m'embarrasse chez le gynécologue :

– quand mon téléphone sonne et que les enfants me demandent ce qu'on mange pour souper ;

– quand je me rhabille après l'examen et que j'ai de la difficulté à enfiler mes petites culottes. J'ai peur de prendre trop de temps et que le médecin me dise «Venez vous rasseoir !», ce à quoi je répondrais : «Ce sera pas long, c'est parce que mon petit orteil était pogné dans mon élastique !» ;

– quand le gynécologue me demande à quand remonte ma dernière relation sexuelle et que je dois lui répondre que je ne m'en souviens plus. J'ai peur qu'il me prenne en pitié et qu'il m'en offre une ! Mais, moi, je ne serais jamais capable de faire l'amour avec un gynéco... D'abord, est-ce que les gynécos *tripent* quand ils font l'amour ?

Ben voyons, Lise !!! Habille-toi pis sors de son bureau !

LA MORALE

Trop souvent, on se la fait faire

Y en a qui ont le sens du devoir ben fatigant ! Me faire faire la morale… pu capable !

Mon dentiste : Vous ne prenez pas la bonne brosse à dents… Vous avez encore une carie et vous faites beaucoup de tartre !

Moi : Oui, j'ai une chaudière de tartre chez moi et j'en applique sur mes dents tous les soirs !

Mon médecin : Vous avez pris cinq livres ce mois-ci, c'est pas bon, ça !

Moi : Vous avez vingt-cinq livres en trop, docteur, c'est pas bien, ça !

Mon garagiste : Votre transmission a une usure prématurée, peut-être que vous changez mal les vitesses ?

Moi : Ça doit, je m'excuse ! Pourriez-vous me montrer comment ça marche, une transmission manuelle ? Ça fait juste trente-sept ans que je conduis des chars manuels et j'ai jamais eu ce problème-là avant!

Ma coiffeuse: Il faudrait que tu viennes au salon toutes les quatre semaines pour ta repousse!

Moi: Ben oui! Pis moi, j'aimerais ça qu'une fois par mois tu mettes de l'argent sur ma carte de crédit.

Même mes voisins décident de l'heure où j'dois arrêter d'avoir du *fun*!

La morale de l'histoire: MÊLEZ-VOUS DONC DE VOS AFFAIRES!

Merci!

CITATIONS

À moitié inventées

— Si tu veux voler avec les aigles, il faudrait que tu arrêtes de nager avec des crapauds !

— Tu dois toujours garder espoir… de recevoir un retour d'impôt !

— Tu pourras toujours rire plus fort, mais fais bien attention aux fuites urinaires !

— Un sourire coûte moins cher que l'électricité, mais ta visite chez le dentiste coûte plus cher que ta voiture !

— Je suis responsable de ce que je ressens et, aujourd'hui, je choisis d'être en crisse !

— Souviens-toi toujours que, peu importe ce que tu ressens, le monde s'en fout !

— Si tu aperçois un ami sans son sourire, va donc pas l'achaler !

— Si tu te sens seule, je serai ton ombre. Si tu veux pleurer, je serai ton épaule. Si tu veux faire un vol de banque, compte pas sur moi !

– N'oublie pas qu'une personne peut changer ta vie, surtout si elle vend des billets de loterie!

– La vie est faite d'aventure et de risque, mais tu peux aussi rester chez vous tranquille!

– Même les plus petites choses doivent être faites avec bonté, mais pour les grosses appelle un plombier!

– Ta vie est comme un message que tu envoies aux personnes qui t'entourent. Assure-toi qu'elles comprennent que tu veux avoir la paix!

CAUCHEMAR DE NUIT

Les seuls rêves dont je me souvienne

Dans ma vie, j'ai dû faire quatre cents cauchemars solides et récurrents pour vingt-deux rêves le *fun*. Les cauchemars, on dirait qu'ils finissent jamais. Tu te réveilles en tremblant, tu penses que si tu te lèves pour aller aux toilettes, boire de l'eau, le cauchemar va s'arrêter, mais non, les terroristes te gardent encore en otage. Tout d'un coup, tu te retrouves sur le toit du World Trade Center quand l'avion rentre dedans, le malade de la Corée du Nord fait sauter la bombe atomique, tu perds toutes tes dents, tu cours au ralenti quand quelqu'un essaye de te tuer… et tu te lèves le matin tellement fatigué !

Selon le livre qui définit les rêves, il paraît que, ces cauchemars-là, ça veut dire que je suis une personne angoissée. Excuse-moi ! Tu peux pas me dire autre chose que ça ?

C'est certain que, si je travaille la nuit pour sauver le monde, y a de bonnes chances que je sois ANGOISSÉE !

Pourquoi ça veut jamais dire que je tomberai bientôt amoureuse… d'un étranger, probablement un Asiatique… islamiste… qui sera une bombe au lit ?

Je vais en écrire, un dictionnaire des rêves, moi, vous allez voir que ça va être le *fun* de rêver !

CAUCHEMAR DE JOUR

Ce que l'imagination peut faire

Dans la vie, j'ai beaucoup d'imagination pour les belles choses, mais surtout pour les mauvaises !

Je suis certaine que vous êtes un peu comme moi : c'est beaucoup plus facile d'imaginer le pire. En voyant un avion qui passe à trop basse altitude, on pense tout de suite qu'il va s'écraser. Pour ma part, chaque fois que j'ai pensé ça, c'est jamais arrivé… en tout cas, pas depuis le 11 septembre 2001 !

La nuit, quand j'entends un bruit près de la porte d'entrée, tout de suite, je me vois ligotée sur une chaise, pendant que deux hommes fouillent ma maison, puis viennent me frapper parce qu'ils ne trouvent rien qui les intéresse… alors que c'est juste mon fils qui avait oublié sa clé.

Quand le téléphone sonne à 4 heures du matin, mon cœur veut sortir de ma poitrine, parce que je pense qu'un de mes deux enfants est en sang après avoir eu un accident de la route. Je m'habille avant de répondre au téléphone et c'est… un mauvais numéro !

Au chalet, quand je monte me coucher et qu'il y a encore du feu dans le poêle à bois, j'écoute le son du poêle avant de m'endormir et, si j'entends un petit bruit suspect, j'organise un plan d'évacuation dans ma tête ! Une fois que mon plan est bien établi, je me dis : « Le poêle à bois chauffe depuis dix ans, tous les hivers. C'est un poêle qui a été installé selon les normes de sécurité et il est entouré de céramique… Oui, c'est vrai, il faut que je me calme. De toute façon, si le feu prend, je vais juste me retrouver dehors à moins trente en robe de chambre et en pantoufles… C'est ça, j'ai oublié de mettre mes pantoufles près de l'échelle à côté de ma fenêtre ! »

Lise… décroche !!!

SI J'AVAIS VINGT ANS

Quels conseils me donnerais-je ?

– N'oublie jamais que tout le monde n'est pas beau et gentil. Il y a même des gens horribles qui ne méritent pas ta confiance.

– Ne pense surtout pas que le mariage durera toujours ! Il se peut que ça finisse avant que tu aies eu le temps de le rembourser.

– Fais-toi confiance, ne doute pas trop de tes capacités. Plusieurs personnes sur ta route vont tenter de te convaincre du contraire.

– Essaye, si tu peux, de travailler à ton compte et d'être propriétaire le plus tôt possible.

– Pour ce qui est des hommes, testes-en quelques-uns avant d'arrêter ton choix !

– Dernière chose, pense à toi le plus souvent possible !

Vas-y, ma Lise ! Lâche pas !

POUR RÉSOUDRE
UN PROBLÈME

Je pense que j'ai du talent…

Quand mes enfants étaient ados, je me souviens d'avoir évité les mauvaises situations. J'aimais bien me servir de solutions testées dans ma famille pour les menacer.

Pour le couvre-feu : si jamais vous dépassez votre heure, je vous laisse un sac de couchage sur le balcon et vous devrez dormir dehors ! Oui… même à moins trente ! Ma mère me l'a déjà fait et ce fut très efficace !

Pour la drogue : si vous prenez de la drogue, je vous roule un joint moi-même, j'y ajouterai de la mort-aux-rats et un insecticide puissant, ensuite vous devrez le fumer devant moi ! Une méthode éprouvée par votre grand-mère paternelle ! Votre père a tellement vomi que les veines de son front ont éclaté. On voit encore les marques. Je ne pense pas que vous aurez le goût de recommencer !

Pour l'alcool : on ira voir votre oncle Régis, qui habite dans la rue... Oui, c'est un sans-abri maintenant parce qu'il a bu de l'alcool toute sa vie ! Toute la famille s'est endettée pour l'aider, rien à faire !

Avez-vous d'autres questions ?

MAUVAISE JOURNÉE

Les indices d'une mauvaise journée

– La cafetière passe au feu.

– Les bretelles de ton soutien-gorge lâchent et les trois autres sont au lavage.

– Un Hells t'emprunte une tasse de sucre, et tu découvres qu'il vient d'emménager dans ton quartier.

– L'hélicoptère de TVA et un caméraman tournent autour de ta maison.

– Tu échappes ton cellulaire dans la toilette après avoir fait un numéro deux.

– Tu rencontres ton cardiologue au restaurant alors que tu es assise devant le déjeuner du bûcheron, qui comprend fèves au lard, bacon et cretons.

– En arrivant de travailler, tu écoutes le message de ton comptable, qui t'annonce que tu dois à l'impôt le même montant que tu as économisé pour tes vacances.

Bon, je vais aller me coucher tout de suite, pour que cette journée-là finisse au plus vite!

FAIRE SEMBLANT

Plus souvent qu'on le pense

Faire comme si… tout allait bien.
Comme si je n'avais pas de douleur.
Comme si la blague que tu viens de faire sur moi me faisait rire.
Comme si perdre mon emploi, ça ne m'atteignait pas.
Comme si nos disputes étaient banales.
Comme si le divorce était une chose courante.
Comme si je n'étais pas fatiguée.
Comme si j'allais m'en sortir toute seule.
Si vous faites souvent semblant et que c'est trop lourd à porter, n'hésitez pas, parlez à quelqu'un !
1 866 APPELLE (277-3553)

CONFESSIONS

Juste entre nous

Je m'accuse:
  – d'avoir essayé de voler une blouse dans une boutique (mais mon sac à main était trop petit);
  – d'avoir fait l'amour au téléphone;
  – d'avoir trahi un secret;
  – d'avoir pris une boucle d'oreille dans un bol de toilette où je venais de faire pipi;
  – d'avoir accusé quelqu'un d'autre du pet que je venais de faire;
  – d'avoir taché un vêtement dans la salle d'essayage avec du rouge à lèvres sans le mentionner;
  – d'avoir eu une fuite urinaire en passant les douanes (fouillez-moi pas, s'il vous plaît!);
  – d'avoir pris ma douche avec mes lunettes (pas juste une fois!);
  – d'avoir fait croire qu'un de mes oncles était mort pour avoir une fin de semaine de congé (mais quand mes collègues ont voulu faire une

collecte pour payer des fleurs, j'ai dû leur dire la vérité);

– de rêver encore à l'amour durable;

– d'aimer les *bums*;

– d'avoir raconté à mon médecin que j'avais commencé une diète pour avoir la paix;

– d'avoir dit à mon dentiste que j'utilisais la soie dentaire tous les jours (comme tout le monde).

Amen.

LE DÉSIR

Ouuummmm fff!

J e le désire tellement, cet homme-là !
C'est devenu un ver de cerveau, je ne pense qu'à ça, c'est dur à contrôler. Dans ma tête, je m'imagine plein de scénarios. Quand ? Où ? Dans l'ascenseur, dans une voiture ? La chaleur monte, je ne pourrai pas résister longtemps. Il est marié, maudite marde, il faut que je résiste. Si j'étais sa femme, je me casserais la gueule si je savais ça. Si on s'embrasse juste une fois, on est dans la merde. Il faut que je revienne sur terre, y a trois ados, j'en ai deux… non, non, non !!!

El fuego de la pasión… on va laisser faire !

Fait que, ma Lise, mets-toi des culottes plus serrées, passe tes soirées avec Barry White ou déménage en Ontario, mais reste tranquille !

LES RÉSOLUTIONS III

C'est pas encore fait ?

Bon... OK ! Il me reste quatre semaines et demie avant le jour de l'An pour accomplir une de mes résolutions de l'an passé, qui était de faire du sport. Je me suis inscrite dans un gym au début de l'année, j'y suis retournée cette semaine. Le monsieur m'a dit : « On vous a pas vue souvent ! » Ben, je suis venue le jour de l'inscription et, là, je reviens chercher mes affaires ! J'avais perdu la clé de ma case !

Dites-moi, monsieur, comment ils font, ceux qui s'entraînent tous les jours ? Ils disent qu'à un moment donné ça devient un besoin tellement fort, c'est comme une drogue !

Ça prend combien de semaines avant d'avoir la sensation du manque, mettons ? On parle de combien de temps ? Trois semaines ? Cinq ans ? Pis ça fait quoi, dans ton corps, être en MANQUE de sport ?

J'aimerais avoir quelques indices pour que je puisse m'en rendre compte le jour où ça va m'arriver. Bon! Je vais me réinscrire! Avez-vous un rabais de fin d'année?

GESTES RIDICULES IV

Et même mystérieux

Quand je sors les vêtements de la laveuse, je les secoue trois fois. Je sais pas pourquoi ! C'est comme si deux fois, ça les défriperait pas assez. Vraiment, la troisième me rend heureuse !

Quand j'ouvre la sécheuse et que je me rends compte que j'ai oublié des draps dedans, ça me fait tellement suer… que je referme la porte et je fais semblant que je ne les ai pas vus. Le lendemain, je les plie !

Avant de trancher un concombre, j'en coupe les deux bouts et je frotte un des morceaux sur les extrémités du légume. Il y a une petite mousse qui finit par se former. Je pense que ça sert à rien, mais je le fais parce que ma mère le faisait. Si jamais vous faites ça et que vous en connaissez la raison, inscrivez-la dans le bas de la page pour que je m'en souvienne. Merci !

P.-S. Je fais ça avec le jambon aussi ! Bizarre, hein ?

MON AMIE RECHERCHE ENCORE PLUS

Ça continue !

Ce soir, Louise a pris un café avec Luc, un gars qui croit avoir le don de la voyance et qui est capable de retrouver des gens assassinés. Il lui a raconté ça avant même que le café ait été commandé.

Elle l'a tout de suite interrompu.

Louise : Excuse-moi, je viens de recevoir un texto et je dois y répondre absolument !

Elle m'a écrit : « Viens me chercher immédiatement ! »

Mais le temps que j'arrive à destination, il en a rajouté.

Luc : Je lis aussi dans les lignes de la main.

Louise : Ça tombe bien, moi aussi, mais je veux lire les tiennes avant ! Juste à voir tes ongles, on se demande si tu n'as pas déterré un mort dernièrement. Je vois que tu es venu au monde sous une étoile croche et je te prédis un lourd avenir psychiatrique si tu fermes pas ta boîte avec tes dons. Je vois aussi que tu n'auras même pas le temps de payer ton café avant que ce bel avenir là arrive, parce que j'ai appelé la police! Bonne chance!

Elle est sortie du restaurant en me criant: «PARS LE CHAR!!!»

LE VIKING RESTE
À COUCHER

Re-oh là là!

Aussitôt que j'ai déposé ma main sur son épaule en lui versant du vin dans son bock de bière… il m'a attrapée et m'a assise sur ses genoux, je me sentais toute petite, comme ma première fois sur le père Noël! J'ai eu envie de lui demander une grosse Barbie, mais sa bouche était déjà sur la mienne!

Ouf! Je me souvenais plus que c'était bon de même!

Il m'a tenue par la main jusqu'à la porte qui mène au garage… ben oui, toi, il savait pas où était la chambre! Il avait la voix de Barry White, les mains de Louis Cyr et l'épée un peu décevante vu le gabarit du mastodonte!

Il m'a pétri la peau comme s'il préparait la pâte d'une tourtière du Lac-Saint-Jean. Mais bon, ça s'apprend, manipuler de la pâte… pis la longueur de son épée, on s'en fout… je le garde, mon Viking!

VIEILLIR IV

Affreux

Vieillir, c'est :
   – réaliser que faire l'amour dans une voiture, c'est terminé ;
   – savoir ce qu'était le monde avant l'arrivée des cellulaires ;
   – avoir écouté les premiers films de Louis de Funès ;
   – avoir vu des télévisions avec un tube et des lampes à l'intérieur ;
   – se souvenir de l'Expo 67, mais s'en souvenir en détail, pas vaguement ;
   – avoir vu les funérailles de John F. Kennedy ;
   – avoir chanté du Janis Joplin à tue-tête quand elle était numéro un.
   Je le sais pas s'il va y avoir une suite…

MOURIR

Pu de son, pu d'image

L e problème avec la mort subite, c'est que je dors nue et que je suis seule. Si je meurs dans mon sommeil, pour que ce soit agréable pour les ambulanciers ou les gens de la morgue qui vont venir me chercher, est-ce que ce serait pas mieux de dormir avec mes plus belles jaquettes ? Attention, je ne parle pas d'un déshabillé affriolant, parce que « mort » et « affriolant » sont des mots qui ne vont pas bien ensemble. Je parle d'un ensemble de nuit acheté chez La Baie, mettons… Je trouve qu'ils ont un beau choix !

Mais je pense à ça : il me faudrait un modèle de robe de nuit avec un élastique dans le bas, parce qu'il n'y a pas PERSONNE qui va me voir avec la jaquette roulée jusqu'à la taille, tout écartillée pis l'affaire à l'air parce que j'aurai eu chaud cinq minutes avant de mourir… OH QUE NONNNN !

Finalement, je vais commencer à dormir avec des petites culottes!

Une culotte propre et une jaquette qui sent l'assouplissant, c'est une marque de respect pour le personnel infirmier.

J'allais oublier: je vais mettre une couche, au cas où je ferais pipi avant qu'on découvre mon corps… Il paraît que cela arrive souvent!

Je vais dormir maquillée aussi, l'embaumeur aura moins d'ouvrage, pis j'aime mieux mourir avec MON fond de teint.

Être belle en toute occasion… c'est pas facile!

Bonne nuit!

J'AIMERAIS QU'ON INSCRIVE...

Sur ma pierre tombale,
s'il y a assez de place

– Ne pleurez pas, elle a beaucoup ri.
   – Parlez plus fort, on fait le *party* en haut!

   – Même un clown a ses limites.

   – C'est bien humide, ici!

   – Vivre et mourir, c'est la meilleure chose qui pouvait m'arriver.

   – J'aurais pu être malheureuse si je l'avais voulu!

   – J'espère que mes organes servent à quelqu'un.

   – Enfin, j'arrête de fumer!

   – Merci de m'avoir laissé ma carte de crédit!

Pas de fin.

Des remerciements considérables à tous ceux qui m'ont facilité la vie pendant ce projet.

À Claudie, ma fille, pour la recherche, à Hugo, mon fils, pour ses encouragements, à Daniel, mon agent, pour sa compréhension, à Johanne, ma marraine-éditrice, pour son soutien.

À Mado, à Joanne, à Monique et à Shirley pour leurs précieux conseils, leur amitié fidèle et aussi leurs délicieux repas.

À Dédé, à Mario, à Carole et à Yvan, bien sûr, qui m'aide à garder ma belle maison de campagne si accueillante.

Merci à toute l'équipe des Productions 6e Sens.

Surtout un grand merci à vous, mon public, qui me suivez depuis de si nombreuses années dans tous mes projets.

TABLE DES HUMEURS

Restez à l'affût des titres à paraître chez
Libre Expression en suivant Groupe Librex:
facebook.com/groupelibrex

edlibreexpression.com

Cet ouvrage a été composé en Adobe Caslon Pro 12,75/15,75
et achevé d'imprimer en janvier 2017 sur les presses
de Marquis imprimeur, Québec, Canada.

garant · procédé sans · 100 % post- · archives · énergie biogaz
des forêts · chlore · consommation · permanentes
intactes

Imprimé sur du Rolland Enviro 100 % postconsommation,
fabriqué à partir de biogaz, traité sans chlore, certifié FSC
et garant des forêts intactes.